Le Moyen-Age Pittoresque.

MONUMENS ET FRAGMENS

D'ARCHITECTURE,

MEUBLES, ARMURES ET OBJETS DE CURIOSITÉ

DU Xe AU XVIIe SIÈCLE.

Dessiné d'après Nature

PAR CHAPUY, etc.,

Et Lithographié

PAR MM. ARNOUT, ASSELINEAU, BAYOT, BOYS, CHAPUY, CUVILLIER, DANJOY, DEROY, DURAND, GIRAULT DE PRANGEY, HERSON, JACOTET, LÉON DE LABORDE, MENUT, MONTHELIER, ROUARGUE, le Cte TURPIN DE CRISSÉ, TIRPENNE, etc.

Avec un Texte Archéologique, Descriptif et Historique,

PAR M. MORET,

Avocat à la Cour Royale de Paris

PARIS.

CHEZ VEITH ET HAUSER, 11, BOULEVARD DES ITALIENS.

1838.

TABLE DES PLANCHES DES LIVRAISONS 1-12.

PARIS, IMPRIMERIE DE PAUL DUPONT ET Cie,
Rue de Grenelle-St-Honoré, n. 55.

CLOITRE DE SAINT-JEAN-DES-ROIS,

A TOLÈDE.

N° 37.

Tolède, capitale de la province qui porte son nom, dans la Nouvelle-Castille, est une ville ancienne et célèbre qui fut successivement le siége de l'empire des Goths en 711, des Arabes en 1027, et des rois catholiques en 1085.

La population qui, selon l'assertion peut-être exagérée des historiens, monta jusqu'à 200,000 ames, est aujourd'hui réduite à 25,000 habitans. Elle fut successivement diminuée par les guerres étrangères et les dissensions civiles, dont les fureurs sont encore attestées par les ruines qui couvrent une partie de sa vaste enceinte.

L'aspect de la ville est triste; Tolède, située en partie sur le haut et en partie sur les flancs d'une colline escarpée, baignée de trois côtés par le Tage, est environnée de montagnes décharnées et arides. Les maisons pressées ne laissent de passage qu'aux piétons et aux chaises à porteurs, sauf de rares et courtes exceptions, jusqu'au palais de Charles-Quint, assis sur le sommet de la colline et qui domine orgueilleusement la ville aux communes vaincues, comme le château impérial domine, à Grenade, la cité aux Maures défaits et chassés!

Avant les dernières guerres en Espagne, depuis 1806 et depuis la mort de Ferdinand VII, la ville comptait 79 églises, 39 couvens des deux sexes, 15 hôpitaux et un grand nombre d'édifices importans, parmi lesquels on distingue la cathédrale, à laquelle nous consacrerons un article spécial.

L'histoire de Tolède est liée à celle de la religion et des libertés de l'Espagne. C'est dans ses murs que se tinrent vingt conciles, depuis l'an 400 jusqu'à l'an 860, sous l'empire des Arabes. Dans une dernière assemblée, composée de prélats soumis aux califes de Cordoue, si la foi était vive encore, la doctrine n'était pas très éclairée; aussi les évêques condamnèrent-ils, comme hérétique, selon la remarque de M. de Laborde, *Samson,* le seul prêtre orthodoxe qui fût peut-être en Espagne. Les assemblées politiques, connues aujourd'hui sous le nom célèbre de *cour* ou *cortès,* constituèrent, à Tolède, les bases du pouvoir royal et des droits législatifs de la nation; car, on l'a dit avec raison, les libertés sont vieilles, le pouvoir absolu seul est jeune en Europe.

Les principales églises sont celles des Grands-Carmes, des Jésuites, de Santo-Domingo-el-Antiquo, de l'hôpital de Sainte-Croix et de celui de Saint-Jean-Baptiste. Ces deux dernières églises sont surmontées d'un dôme imposant et entourées de cours d'une fort belle architecture.

Les étrangers doivent aussi visiter le palais archiépiscopal, la casa de Vargas, demeure d'un célèbre ministre de Philippe II, l'Hôtel-de-Ville et le Palais-Royal, ancien Alcazar des

Maures, rebâti par Alphonse X, embelli par Charles-Quint, détruit en partie par les flammes et restauré par le cardinal de Lorenzana, prélat éclairé et bienfaiteur de son église et de la ville.

Les deux promenades de Tolède sont remarquables, mais trop éloignées de la ville, dont elles sont séparées par le Tage.

Le couvent de *Los Reyes,* dont le dessin est dû au pinceau exact et au crayon habile de M. Asselineau, appartenait aux franciscains; il est situé sur la colline, en face des hauteurs de *Los Cigareles,* et domine le Tage et le pont de Saint-Martin, composé de trois arcades élevées et légères. Un peu au dessous du couvent et sur la maison détruite de Padilla, on voit une colonne élevée à la mémoire de ce héros et de l'illustre Marie, sa femme, les derniers représentans des communes en Espagne, écrasées sous la main de fer de Charles-Quint, comme l'aristocratie de France sous celle de Louis XIV.

Le couvent de Saint-Jean-de-Los-Reyes, ou des Rois, a pris son nom du titre de ses fondateurs, Ferdinand et Isabelle, qui le bâtirent en commémoration de la prise de Grenade, et y firent appendre les chaînes des captifs chrétiens délivrés de l'esclavage des Maures. Malheureusement le cloître est incomplet; le quatrième côté est renversé en partie. Ce vaste monument délabré, placé au sommet de la montagne habitée, semble le symbole vivant de Tolède : gloire et puissance au passé, ruine et désolation au présent.

RUINES

DE

L'ABBAYE DE SAINT-BERTIN,

A SAINT-OMER.

N° 38.

La ville de Saint-Omer prétend, d'après Malbrancq, un de ses enfans, être l'ancien *Portus Itius* des Romains. Mais diverses autres cités lui disputent cette antique origine, et leurs écrivains accusent le pauvre Malbrancq d'un mensonge patriotique. Nous avons lu ces dissertations, mais nous nous abstiendrons humblement de prendre parti, en répétant en latin, puisqu'il s'agit des Romains :

Non nostrûm inter vos tantas componere lites.

Quoi qu'il en soit, il est certain que Saint-Omer, ravagé plusieurs fois dans le IXe siècle par les Normands, fut entouré de murs par Baudouin II, comte de Flandres, en 917. La ville fut prise, en 1486, par les impériaux, qui s'introduisirent dans la place, pendant la nuit par dessous la grille d'un aqueduc. Les habitans appelèrent à leur secours les Bourguignons, trois ans après, et chassèrent les envahisseurs. Une armée française prit la ville en 1677, après dix-sept jours de tranchée ouverte. Louis XIV ordonna depuis des travaux militaires qui rendirent Saint-Omer une des plus fortes places du royaume. La ville est entourée par des marais et protégée par l'Aa et des inondations artificielles sur les trois quarts de son enceinte, qui est de 2,150 toises (périmètre intérieur), et défendue sur l'autre quart par des ouvrages redoutables et multipliés. Les casernes peuvent loger 3,000 fantassins et 1,500 cavaliers. La cité renferme 19,032 habitans.

L'église Saint-Bertin était un des plus merveilleux édifices des Pays-Bas. Bâtie à l'aide des pilotis sur un terrain marécageux exhaussé de 17 pieds, elle était en croix latine avec de doubles bas-côtés surmontés d'une galerie, et soutenue par 48 piliers formés par des colonnes simulant le faisceau. Elle avait dans œuvre 350 pieds de long, 70 pieds de large dans la nef, bas-côtés compris, et 76 pieds de hauteur sous voûte. La tour compte 304 marches et s'élève à 175 pieds. Cet édifice, fondé en 640 par saint Bertin, et dédié à saint Pierre, prit, quatre siècles après, le nom de son pieux fondateur. L'église actuelle, commencée en 1330, achevée en 1520, fut vendue en 1799, lorsque déjà le vandalisme de la révolution était vaincu. Les administrateurs d'alors ont donc de graves reproches à se faire d'avoir consenti à la démolition à laquelle on procéda immédiatement. Cependant la municipalité rentra depuis dans la propriété de cet édifice, qui lui servit de carrière pour la reconstruction d'un hôtel-de-ville massif et écrasé, situé sur la grande place, à l'autre extrémité de Saint-Omer, au grand dam de ses habitans. Aussi les piliers représentés dans la lithographie ci-jointe n'existent-ils déjà plus. Ils sont tombés sous la main du temps, ou ont été détruits par la main des hommes, ses dignes rivaux dans cette œuvre de ruines. Le gouvernement vient d'ordonner des travaux de consolidation; que l'on se hâte donc de fermer la vaste ouverture béante au sein de la tour, si l'on ne veut voir s'écrouler ce monument mutilé, reproche vivant adressé à nos barbares générations.

Les autres édifices religieux importans de Saint-Omer sont la cathédrale Notre-Dame, aujourd'hui simple paroisse, et les églises Saint-Denis, du Saint-Sépulcre et du collége (autrefois des jésuites), dont les deux tours de briques, collatérales et trop maigres, auraient besoin d'être surmontées de flèches destinées à dissimuler ce défaut.

L'église Notre-Dame, dont nous venons de parler, est un noble édifice de 350 pieds de long et de 68 pieds de haut, dans œuvre. La tour, de 150 pieds d'élévation, est du même style que Saint-Bertin et placée au milieu de la façade. A l'intersection de la croix se dressait une aiguille délicate et hardie, dont il ne reste que le tronçon, qui accuse également le mauvais goût et l'incurie des autorités audomaroises. Dans l'intérieur de la nef on a déposé une statue connue sous le nom de *grand dieu de Thérouanne*, et qui était placée sur le grand portail de l'église de cette ville. Quelques antiquaires y voient un ancien Jupiter olympien christianisé. Nous recommandons à l'attention et à l'examen des visiteurs cet *olim*, pour employer une expression récente et célèbre, unique reste d'une cité généreuse, Huningue du XVIe siècle, qui mourut tout entière pour la France, et dont les martyrs n'ont trouvé dans leur patrie que des ingrats et ne verront pas se lever de vengeurs!

FRAGMENT

D'UNE

MAISON HABITÉE PAR LA REINE BLANCHE

A L'ÉPOQUE DES CROISADES,

AU MANS.

N° 39.

Ancienne capitale du Maine, aujourd'hui chef-lieu de département, Le Mans est baigné par la Sarthe, que l'on y passe sur trois ponts, et situé sur une colline, jadis entourée de murs romains, peu respectés, et couronnée par une majestueuse cathédrale.

Cette ville, fondée par les Romains sur l'emplacement d'un ancien *oppidum* des Gaules, dans le IIe siècle, a, depuis cette époque reculée jusqu'à nos jours, été prise et reprise plus de trente fois. Les bornes de cet article nous empêchent de donner des détails historiques; nous rappellerons seulement qu'au 10 décembre 1793, se livra sous ses murs la terrible bataille où fut ensevelie la grande armée royale vendéenne. Fatales et fratricides journées où la France avait toujours à pleurer la victoire et la défaite!

Le Mans est une ville agréable en voie d'amélioration. Sa population croissante est aujourd'hui de 23,164 habitans. Elle est renommée par ses plaideurs et ses chapons : les uns, énergiques discuteurs des cours de justice : les autres, volatiles mutilés des basses-cours. Je ne pense pas cependant que les enfans de cette cité méritent maintenant à un aussi haut degré la tendresse de la *Discorde* au milieu du Palais-de-Justice :

Là, d'un œil attentif, contemplant son empire,
A l'aspect du tumulte elle-même s'admire :
Elle y voit, par le coche et d'Évreux et du Mans,
Accourir à grands flots ses fidèles Normands.

Trois édifices importans signalent Le Mans à l'étude et à l'amour des pacifiques archéologues, bien différens de la guerrière déesse

. . . . encor toute noire de crimes,
Sortant des Cordeliers pour aller aux Minimes,

couvens dont les églises ont été détruites au Mans comme à Paris.

Ces édifices sont l'église de La Couture, qui date du XIIIe siècle et présente un portail imposant orné de deux tours jumelles; l'église Saint-Julien-du-Pré, monument du XIe siècle, et surtout la cathédrale, sous le vocable de Saint-Julien, commencée en 1055 et terminée en 1434.

Cet édifice, qui occupe une superficie de 5,000 mètres, est un monument important par son étendue, la hauteur de ses voûtes, la légèreté et la richesse du chœur, et par la réunion, dans de vastes proportions, de deux temples, dont chacun présente un style différent, mais dans toute sa pureté native.

La nef, du roman le plus sévère, forme un parallélogramme rectangle de 58 mètres de long sur 24 de large; la croix, un peu étroite, a 59 mètres sur 10; enfin, le chœur, d'un admirable travail gothique, présente, avec ses latéraux, mais indépendamment des chapelles, 44 mètres de longueur, 32 de largeur et 34 de hauteur sous clef de voûte.

La tour, placée à l'extrémité du transept, sans clocher correspondant de l'autre côté, s'élève à 180 pieds à peu près. Elle était surmontée d'un couronnement élégant, détruit pendant de mauvais jours, mais qui sera rétabli sous peu.

L'église du Mans est une des plus intéressantes de la France; tous les matériaux de son histoire sont déposés dans les *Analecta* de Mabillon, le *Cenomania* de dom Briant, et les *Miscellanea* de Baluze, auxquels je renvoie mes lecteurs, en revenant à l'habitation particulière ancienne, que je devrais décrire ici s'il ne suffisait de regarder le dessin. J'ajouterai seulement que cette maison, très curieuse, située Grande-Rue, n° 12, et habitée, selon notre lithographie, par la reine Blanche au temps des croisades, ou, selon des auteurs locaux, par la reine Bérengère, est beaucoup plus jeune, en réalité. Elle remonte au plus au XVe siècle. Les croisettes conservées sur un des pilastres, et qui faisaient partie des armes de Jérusalem, dont les comtes d'Anjou ont été rois, auront sans doute donné lieu à l'erreur commune.

Le Mans est encore riche en maisons intéressantes, tant à ogives qu'à plein cintre, anses de panier de la renaissance, et style classique de Louis XIV. Elles sont situées :

Grande-rue, n°s 3, 7, 10, 12, 14, 15, 17, 42 et 72;
Rue des Chanoines, n°s 10 et 34 ; sous le premier de ces numéros sont les restes de l'église Saint-Aldric, bâtie au IXe siècle;
Parvis Saint-Julien, n°s 1er, 3, 5 et 7 ;
Place du Château, deux maisons du XVIe siècle ;
Place du Gué-de-Maulny, une grande maison en pierre, connue sous le nom d'*Hôtel-du-Louvre* ;
Rue de l'Écrevisse, n° 2 ;
Rue Saint-Pavin de la Cité, n° 9;
Rue du Petit-Saint-Pierre, n° 7 ;
Rue de la Truie-qui-file, n°s 2 et 4;
Rue des Poules, n° 2 ;
Rue Dorée, le Palais épiscopal et le n° 4 ;
Rue du Pont-Ysoir, n°s 18 et 20.

On remarquera, enfin, place Saint-Michel, n° 1, une maison simple dont la fenêtre est surmontée d'un cordon ou listel, orné de deux macarons; c'était celle de Scaron, du poète cul-de-jatte, dont la veuve, moderne Esther, devait partager le trône d'un roi non moins puissant qu'Assuérus. O Louis XIV!...

PORTAIL DE SAINT-OSWALD,

A ZUG.

N° 40.

Le canton de Zug est le plus petit de la Suisse; sa surface est de douze lieues carrées seulement, et sa population de 15,000 ames. C'est un vaste verger, pour ainsi dire, dominé par une chaine de montagnes, dont la plus élevée, le Rosberg, n'a que 4,836 pieds au-dessus du niveau de la mer. Ce canton est baigné par la Reuss et la Lorze, et renferme quatre lacs.

Zug est une ville de 3,000 habitans, dans un site délicieux, sur les flancs de la colline du même nom, élevée seulement de 912 pieds au-dessus du niveau de la mer. Cette petite capitale est sur les bords d'un lac, de cinq lieues de long sur une de large et d'une profondeur de 200 pieds auprès de la ville et de 1,200 en face, à la base du Rigi, d'où l'on découvre le magnifique amphithéâtre des Alpes bernoises.

La ville présente un aspect pittoresque; elle est encore entourée de murs flanqués de tours et de portes, sur lesquelles, ainsi qu'à Lucerne, on a élevé des flèches élégantes. L'église Saint-Oswald en est l'édifice le plus intéressant. C'est un rectangle allongé accompagné d'un clocher carré surmonté d'une aiguille élancée, ainsi que celle de l'Hôtel-de-Ville, situé sur une place centrale peu éloignée.

Le portail gothique fut bâti, en 1478, par Eberhard, curé de la ville, et orné de quatre statues d'un mérite fort médiocre, et qu'on prétend être celles de Constantin, Charlemagne, Louis-le-Débonnaire et Henri II. On attribue à l'un des Carrache le tableau du maitre-autel; mais j'ai peine à croire que ce grand peintre en soit coupable.

On remarque dans l'arsenal des armures conquises sur l'ennemi, et dans l'Hôtel-de-Ville de beaux vitraux peints par Michel Müller, artiste estimé du XVIe siècle.

Dans mon voyage de Suisse, j'allai avec une pieuse curiosité rechercher le chemin creux poétique et la roche menaçante d'où le héros-paysan suisse frappa le tyran Gessler, chemin situé près des frontières de Zug et vers Kusnacht. J'y trouvai une chapelle modeste et pittoresque sur laquelle est l'inscription si connue :

« Hier ist Gesslers Hochmuth vom Tell erschossen
» Und der Schwyzer edle Freiheit entsprossen (1). »

Mais, hélas! plus de chemin; il est remplacé par une belle route plate, unie et prosaïque, comme une voie à barrière anglaise. Ce n'est pas tout. Voilà que l'impitoyable Zscokke nous apprend que le château de Kusnacht n'a jamais appartenu au sombre Gessler.... La science nous enlève bien assez vite les innocentes illusions dont on berce les enfans; que ne laisse-t-elle du moins aux hommes les merveilles historiques propres à ennoblir l'esprit et à élever l'ame!

---

(1) « Ici l'orgueilleux Gessler fut abattu par Tell,
» Et la glorieuse liberté des Suisses y a germé! »

UNE PORTE DE LA CATHÉDRALE,

A SÉVILLE.

N° 41.

Quien no ha visto Sevilla, no ha visto Maravilla; ce proverbe espagnol n'est plus ratifié par les étrangers comme la sentence italienne sur Naples. La capitale de l'Andalousie est bien déchue, et ne conserve de son ancienne grandeur que des édifices imposans. Son école de peinture et de sculpture, ses fabriques de soierie, son immense population, ses vaisseaux, tout a disparu; *ses dieux se sont en allés,* et le Guadalquivir lui-même les a suivis; quelques barques remontent à peine maintenant un fleuve qui portait jadis de nombreux navires. Pauvre ville! pauvre Espagne!

Les cités comme les rois ont leurs flatteurs..... quand elles peuvent les payer! La puissante Séville a eu les siens qui l'ont fait fonder par Hercule, Bacchus, les Chaldéens, les Phéniciens, etc. Strabon, Pomponius Mela et les autres géographes latins en parlent cependant déjà comme d'une ville ancienne et illustre. Les divers siéges glorieux qu'elle soutint, sa reddition moins honorable aux Maures en 711, ses destinées sous les Carthaginois, les Romains, les Arabes et les chrétiens, appartiennent, comme les fastes de Tolède, à une histoire spéciale dont l'espace nous manque.

Je me borne donc à rappeler que Séville, de 400,000 habitans, est réduite à une population de 80,000 ames à peine; qu'elle compte environ 12,000 maisons, plusieurs faubourgs, de belles places, entre autres celles de la Bourse, de l'Hôtel-de-Ville et de l'Arsenal, dont les bâtimens sont remarquables; qu'elle renferme beaucoup de belles églises, des édifices intéressans, la Tour d'Or, le palais de l'archevêque, celui du duc de Médina-Cœli, connu sous le nom de Maison de Pilate, la manufacture des tabacs, le séminaire de Saint-Telme, et, enfin, trois promenades magnifiques, l'*Alameda Nueva,* l'*Alameda Vieja,* et *La Avanica,* ou Éventail.

Mais le principal ornement de Séville est sa cathédrale de style ogival, bâtie dans le XVe siècle, divisée en cinq nefs, dont l'une a 113 pieds 7 pouces d'élévation, et 41 pieds 9 pouces de largeur, et les quatre collatérales 86 pieds de hauteur et 20 pieds 1/2 de largeur; 32 piliers soutiennent les voûtes, éclairées par 90 fenêtres ornées de vitraux précieux. Le chœur a 51 pieds 8 pouces de long et 34 pieds 5 pouces de large. Tout l'édifice intérieur, long de 262 pieds, est enrichi de marbres, de mausolées, statues et tableaux des plus grands maîtres de l'Espagne. « Plusieurs de ces chefs-d'œuvre, dit M. de Laborde, « ont été offerts par le chapitre au maréchal Soult quand il commandait dans le pays, « et sont maintenant dans son hôtel de Paris. » Ils seraient *les lions* du musée espagnol que l'on vient de fonder au Louvre; mais, achetés récemment en partie par les Anglais, ils sont allés mourir de moisissure et de froid sous le ciel de la brumeuse Albion, loin du soleil vivifiant et chaud du pays natal!

MEUBLE DE LA COLLECTION DE M. MONBRO.

N° 42.

Afin de mettre de l'ordre, autant qu'il m'est possible de le faire, dans mon texte attaché secondairement à une publication de lithographie, objet principal, je rejette à la fin de l'ouvrage les numéros relatifs aux meubles. Je placerai cette spécialité sous une seule rubrique, accompagnée des considérations générales indispensables.

PALAIS DORIA, A GÊNES.

N° 43.

Gênes est une des plus anciennes villes de l'Italie. Soit qu'elle ait été fondée, selon les uns, par *Janus*, soit que son nom dérive, selon les autres, de *Janua,* porte, par un jeu de mots dans les deux sens, il est certain du moins qu'elle existait depuis long-temps, en l'an 205, avant Jésus-Christ, époque où elle fut détruite par Magon. L'histoire de Gênes, comme celle de sa rivale, Venise, est brillante; puisse-t-elle n'attendre pas en vain son *Daru!* Sa marine s'illustra dans le moyen-âge par des combats, des voyages et des conquêtes, sur la Méditerranée, l'Adriatique et la mer Noire, où la Crimée obéit à ses lois. A Jérusalem, Ptolémaïs et Constantinople, on retrouve partout des Génois commerçans et guerriers. On conserve encore dans la cathédrale le *sacro Catino di Smeraldo orientale.* Cette relique vénérable, pour n'être plus que du verre colorié, n'en témoigne pas moins de la valeur des matelots qui, sans machines de guerre, prirent d'assaut Césarée avec les seules échelles de leurs vaisseaux. Au reste, on connaît l'estime de Napoléon pour les Génois, qu'il proclamait les premiers marins du monde.

Les annales de Gênes sont fort agitées. Toujours *constante dans la seule inconstance,* elle fut gouvernée, tantôt par les doges, au milieu de perpétuelles révolutions intestines, tantôt par des étrangers, dont elle préférait momentanément le joug à celui de ses enfans. Semblable au saint patron de sa cathédrale qui ne trouvait de soulagement sur son gril, lorsque le côté gauche était à demi brûlé, qu'en retournant son côté droit sur les charbons, cette république se donna successivement à l'empereur Henri VII, à Jean XXII, à

Robert, roi de Naples, à Jean et Philippe Visconti, Sforza et Louis, ducs de Milan, à Charles VI, Louis XII, au marquis de Montferrat, aux Espagnols, etc., etc. Un de nos rois de France, à qui elle s'offrait aussi, la donna impoliment au diable. Le roi de Sardaigne ne fut pas aussi dédaigneux au congrès de Vienne en 1814. Appuyé par l'Autriche et l'Angleterre, qui voulaient nous fermer une des portes de l'Italie, il demanda et obtint la réunion de la Ligurie à ses états de terre ferme. Boufflers, Richelieu et Masséna ont soutenu des siéges glorieux dans Gênes, et, comme Français, nous souhaitons pour notre ancienne sœur ou alliée que le repos intérieur et extérieur compense la perte de son orageuse liberté.

Gênes est située sur la Méditerranée. La *Lanterne*, phare bâti par Louis XII, domine le port. La ville, y compris Saint-Pierre d'Arena, le plus fastueux des faubourgs connus, est enserrée de deux côtés par les torrens du Bisagno et de Polcevèra, et ceinte d'une double ligne de fortifications de 9,700 toises de tour. La cité proprement dite forme un demi-cercle sur la mer, de 2000 toises de long, et de 600 toises dans son plus grand diamètre. Ses maisons, ses palais et ses églises s'élèvent en amphithéâtre et forment une des plus belles perspectives de l'univers. Cependant les rues sont étroites et très montueuses. On ne pouvait y aller qu'en chaises à porteurs, excepté dans la *Strada Balbi, Nova* et *Novissima*, qui sont magnifiques. Mais le gouvernement sarde vient de faire percer deux larges voies transversales. C'est une immense amélioration, et la population se ressent du séjour de ce souverain à Gênes, pendant six mois de l'année; elle est montée à 130,000 habitans.

Les principales églises sont Saint-Cyr et Saint-Laurent, l'ancienne et la nouvelle cathédrale, l'Annonciade, Sainte-Marie de la Consolation, Saint-Ambroise, Saint-Philippe et Notre-Dame-des-Vignes, toutes ornées de marbre et de peintures précieuses. L'Assomption de Carignan, à laquelle on parvient par un pont qui joint deux collines, élève à une grande hauteur son dôme et ses deux clochers, bâtis en petit sur le plan du Saint-Pierre de Michel-Ange, par l'habile architecte Galeas Alessi. Cet édifice religieux a beaucoup de rapport avec *la Superga,* auprès de Turin, chef-d'œuvre de Philippe Ivara, et le Saint-Denis des rois de Sardaigne.

Les hôpitaux de Gênes sont remarquables; l'*Albergo di Poveri* jouit d'une réputation universelle.

L'Arsenal renferme trois objets curieux : un *rostrum* ou proue antique, que l'on prétend, par une affirmation un peu hasardée, avoir appartenu à l'un des navires liguriens qui combattirent Magon, frère d'Annibal; un canon primitif de cuir et de bois, pris sur les Vénitiens dans l'expédition de Chiozza, en 1379, si heureuse d'abord et si désastreuse ensuite, grace au génie de Pisani; et enfin une des trente-deux cuirasses des nobles dames de Gênes, croisées en 1301. En observateur galant et attentif, M. Valery a constaté, dans son ouvrage, que les doubles contours de l'armure étaient à peine sensibles.

Mais la ville est surtout célèbre par ses palais qui, décorés de marbre, revêtus de stuc, enrichis des tableaux des plus grands maitres, embellis de tous les ornemens de l'architecture, redisent encore le faste et la puissance des Doria, des Spinola, des Fieschi, des Grimaldi, des Fregose, des Justiniani, des Brignole et des Durazzo, chefs de l'une des plus illustres et des plus antiques aristocraties de l'Europe. Aussi Mme de Staël s'écriait-elle, dans son enthousiasme, que *Gênes est bâtie pour un congrès de rois.*

Obligé de me restreindre à une simple nomenclature, je citerai les palais Michel Durazzo, aujourd'hui demeure du roi Charles-Albert, Philippe Durazzo, Balbi, Brignole, Tursi Doria, Grimaldi, Serra, Carega, Coccapani, Cataneo, Negroni, Pallavicino; enfin, le palais du doge, qui renfermait les statues des grands hommes de la république, renversées et détruites, en 1797, par leurs ingrats et indignes descendans!

Le palais d'André Doria, reproduit dans cette collection, est dans une admirable situation, sur les bords de la mer, dont on découvre les rivages sinueux et le vaste horizon, du jardin d'en bas et de la galerie couverte d'une terrasse de 250 pieds de long. Le sommet de la montagne est couronné par une maison de plaisance qui dépend de l'édifice bâti par les frères Montorsoli, de Rome, et, sur la porte d'entrée, ouvrage de Pernio del Vaga, élève de Raphaël, on lit cette inscription, placée pour perpétuer la reconnaissance de la république :

Andreæ de Auria liberatori munus publicum.

Sous l'entablement des fenêtres, une autre inscription rappelle que le maître de cette noble maison fut amiral du pape, de l'empereur et du roi de France. On remarque, dans le jardin, une statue colossale de Jupiter, en marbre, au pied de laquelle un chien nommé Roland, donné par Charles-Quint à Doria, fut enterré, afin que, mort, il gardât un dieu, après avoir gardé un prince pendant sa vie. La statue qui surmonte la fontaine circulaire, placée au devant de la lithographie, est celle du même André Doria, représenté sous l'attirail de Neptune, tout nu, traîné par des chevaux marins, et orné de la moustache du XVe siècle. Lorsque je regardai cet étrange monument, le changement politique du puissant Génois, qui abandonna François Ier pour son rival, et perdit la fortune maritime de ma patrie, ne contribuait pas à le rehausser à mes yeux. Aussi, comme Français et comme artiste, je trouvai que, si André était un bel amiral, c'était, en revanche, un homme bien laid; aussi encore je me rappelai, par une mémoire vengeresse involontaire, les sanglantes paroles de Brantôme, qui, comme on sait, appelait chaque chose par son nom :

« Il y a eu trois renégats en France qui lui ont bien porté du dommage : feu M. de Bourbon, Hieronimo Moron, et le seigneur *André Doria!* »

LA TOUR DE LA GIRALDA,

CATHÉDRALE DE SÉVILLE.

N° 44.

Ce campanile est célèbre en Espagne et même en Europe; monument hybride, il est composé de deux styles divers, et il réunit, dans sa construction majestueuse, deux peuples ennemis, divisés par la religion, et séparés aujourd'hui par les mers : les Espagnols et les Maures.

La tour de *la Giralda* s'élève auprès de la cathédrale dont elle forme le clocher. Il est facile de reconnaître dans la lithographie, et par la couleur et par le caractère, l'œuvre des deux nations rivales. La partie arabe, bâtie par Geber, natif de Séville, est carrée. Son appareil est composé de pierres à la base, puis de grosses briques. Les fenêtres moresques sont accompagnées d'un balcon, d'où le muezzin appelait à la prière les enfans de l'Islam. La construction mahométane finit à la corniche qui supporte la galerie à jour d'où s'élèvent l'architecture classique et les fenêtres à pied-droit, remplies par les cloches du carillon. La tour moresque se terminait autrefois par un pavillon couvert de tuiles vernissées, et d'où s'élevait un pilastre en fer, supportant quatre globes de fer d'une énorme dimension. Le *square* moresque a 43 pieds de large sur chaque face, et 172 pieds de haut. Les murs ont 7 pieds d'épaisseur.

Les Espagnols abattirent le pavillon en 1568, et le remplacèrent par le couronnement à retraites successives, orné de colonnes de marbres nuancés, de 86 pieds d'élévation; de sorte que la hauteur totale est de 258 pieds. *La Giralda*, ou statue en girouette, comme l'indique son nom espagnol, représente la Foi; elle est l'ouvrage de Barthélemy Morel, artiste estimé, et pèse trente-quatre quintaux. Cette statue, de bronze doré, doit une partie de sa célébrité à Cervantes, dont le héros, après s'être si malencontreusement attaqué à des moulins à vent, voulait aussi, comme chacun sait, se prendre à la girouette d'airain de Séville. Combats imaginaires et fort innocens qui nous font involontairement sourire, bien différens des luttes cruelles et prolongées qui ensanglantent aujourd'hui la malheureuse Espagne et font gémir l'humanité.

ANCIENNES CONSTRUCTIONS A GÈNES.

N° 45.

Je renvoie le lecteur au N° 43, dans lequel je donne la description de Gênes et du palais Doria, dont ce dessin est l'appendice; car il est facile de reconnaître, dans les deux lithographies, la même tour ornée de fresques et surmontée par une galerie en saillie.

TOUR DE STANZ.

N° 46.

C'est d'Unterwald, d'Ury et de Schwitz, les trois plus petits cantons de la Suisse actuelle, que s'éleva, dans le xve siècle, le cri de la liberté. Après de sanglans combats, quelques pâtres mal armés s'affranchirent du joug de la puissante Autriche, dont le souverain trouva un tombeau glacé dans leurs montagnes. Qui ne connaît les trois hommes à l'héroïque serment du Grütli, et les vainqueurs de Morgarten et de Sempach? Qui n'a tressailli d'admiration dans son enfance en lisant les exploits merveilleux du noble fils de Bürglen, à qui sa patrie a dressé des statues, érigé des chapelles, et au front de qui Schiller, plus puissant encore, a posé la couronne poétique du génie?

Heureux le vieux Tchsudi, dans ses chroniques, heureux le moderne Müller, dans son histoire, d'avoir raconté les vertus, les hauts faits et les triomphes de leurs compatriotes!

Pour moi, simple annotateur de lithographies pittoresques, à l'ouvrage spécial, aux limites étroites d'un texte fixé d'avance, je n'ai qu'un instant pour jeter des regrets aux sujets que je suis forcé d'abandonner, et des fleurs aux victorieux pasteurs des Alpes!

Le canton d'Unterwald, au centre de la Suisse, présente une surface de 37 lieues carrées et une population de 25,000 habitans. Il renferme une montagne sourcilleuse, le Titlis, qui élève dans les nues, jusqu'à 10,710 pieds au dessus de la mer, ses flancs décharnés et ses pics neigeux; la rivière d'Aa, et deux beaux lacs principaux, ceux de Lungern et de Sarnen.

L'Unterwald est divisé en deux sous-cantons, qui n'ont ensemble qu'une voix à la diète fédérale, et dont Sarnen et Stanz sont les capitales.

Cette dernière ville, d'environ 2,500 habitans, est située dans une riante vallée, au milieu de gras pâturages, et au pied de la montagne qui porte son nom.

Ses principaux monumens sont : l'église paroissiale, dont la flèche a 150 pieds de haut, et dont le vaisseau moderne, dans la forme des basiliques, et assez imposant, est orné d'un grand nombre de colonnes de marbre; l'Hôtel-de-Ville, où sont déposés les portraits des différens chefs de la république dans les costumes du temps; l'Arsenal, où l'on conserve avec un patriotique orgueil la cotte d'armes qui enserrait la poitrine généreuse de Winkelried, à la bataille de Sempach, et enfin la fontaine élevée en l'honneur du héros, dont la statue, revêtue d'une armure, surmonte un pilastre carré.

Les fontaines suisses ne réunissent pas seulement autour de leurs bassins des valets et des servantes, comme en France. Les jeunes hommes de ces agrestes contrées y sont amenés souvent aussi pour y puiser une eau limpide ou pour s'entretenir sur les places publiques des intérêts du pays. Les Périclès montagnards, les Phidias pasteurs, ont pensé avec raison qu'il fallait offrir à leurs concitoyens l'histoire personnifiée dans leurs grands hommes. L'honneur d'être choisi et présenté pour modèle appartenait au Curtius de la confédération : guerrier qui, saisissant et réunissant dans ses bras vingt piques de la phalange autrichienne, impénétrable jusqu'alors, tomba la poitrine traversée par vingt fers ennemis, mais ouvrit une large voie à la victoire de ses compatriotes.

Ces nobles souvenirs enflammaient sans doute encore les Suisses, le 9 septembre 1798, lorsqu'ils tentèrent, dans ce faible canton, de résister à l'armée française de Schauenbourg. Le champ de bataille nous resta, mais la défense fut désespérée. On en jugera par ces extraits de la lettre de notre général, publiée dans *le Moniteur* du 7 vendémiaire an v :

« Nous avons perdu beaucoup de monde, ce qui était inévitable avec ces hommes audacieux jusqu'à la fureur. Tout ce qui était armé a péri; c'était une des journées les plus chaudes que j'aie jamais vues; on se battait avec des massues; on s'écrasait avec des quartiers de roche; en un mot, on employait pour s'exterminer tous les moyens possibles... Plusieurs prêtres, et aussi un grand nombre de femmes, hélas! sont restés sur la place. »

Heureusement la paix fut bientôt rétablie avec ce glorieux peuple, qui ne combattait point seulement pour des libertés politiques plus ou moins contestables, mais qui combattait pour l'indépendance nationale, cause juste et chère à toutes les ames généreuses : c'était celle de la France en 1815; c'est encore aujourd'hui celle de la Pologne et du Canada!

DÉTAILS DU COUVENT DE ST-JEAN-DES-ROIS,

A TOLÈDE;

FRAGMENT DU CHOEUR DE LA CATHÉDRALE,

IBID.

Nº 47.

L'église de Saint-Jean-de-Los-Reyes, dont nous avons déjà parlé, Nº 37, est généralement gothique. Sa façade, d'une assez grande élévation, se termine par un fronton surhaussé à jour, si connu en Espagne et en Italie. Au milieu de la nef, on remarque les rudimens d'un dôme incomplet, qui, sauf la pyramide, rappelle en petit celui de la cathédrale de Milan. Le cloître est aussi d'un style ogival assez pur; mais l'intérieur de l'église, quoique d'un aspect imposant et d'un détail agréable, est d'un caractère moins vierge et moins sévère. On peut s'en convaincre en jetant les yeux sur l'espèce de tribune ci-jointe, car ce n'est pas la chaire principale. L'ornementation est gracieuse, mais c'est une broderie, un avant-goût de la renaissance sur un canevas gothique. Au-dessous de l'encorbellement, on reconnaîtra facilement les lettres initiales couronnées de Ferdinand et d'Isabelle. Chez nous, Henri II, galant et passionné, semait le Louvre de ses H et de ses D adultères entrelacés; plus austères et aussi tendres, les monarques espagnols, dont les initiales sont alternatives et chastement séparées, faisaient dans son temple, hommage de leur saint amour au Dieu qui avait consacré et béni leurs armes et leur union.

TOILETTE EN FER DAMASQUINÉ DES MÉDICIS,

TIRÉE DE LA COLLECTION DE M. DEBRUGE-DUMESNIL.

N° 48.

CATHÉDRALE DE THANN,

ALSACE.

N° 49.

Je proteste, en commençant, contre le titre de cathédrale donné à l'église de Thann par le nomenclateur; la ville n'est pas et n'a jamais été le siége d'un évêque, et cet édifice religieux est une simple paroisse, digne sans doute d'un nom plus aristocratique, mais il faut suivre la hiérarchie ecclésiastique : *Suum cuique.*

Le tombeau du Christ, déjà donné dans la planche 10 de cet ouvrage, est placé dans l'église du vieux Thann, village situé à une demi-lieue de la ville et plus ancien qu'elle, car il en est fait mention dès le XIe siècle dans la charte de fondation du monastère d'Erchau. L'église actuelle, rebâtie au XVe siècle, fut achevée en 1455; le chœur ne fut terminé qu'en 1516. M. de Golbery, s'indignant avec raison d'une barbarie trop commune dans les dernières années, nous raconte qu'en 1826 le beau tombeau du Christ a été badigeonné, de sorte que les gardes du Sauveur, barbouillés en chocolat, tranchent vivement sur la croûte d'ocre jaune dont on a sali l'abside.

La nouvelle Thann, ville du Haut-Rhin baignée par la Thur, doit sa fondation à une de ces légendes merveilleuses si communes au moyen âge.

Un honnête Alsacien était au service de Saint-Thiébaut, évêque d'Ingubine dans l'Ombrie; le prélat, épuisé par ses libéralités envers les pauvres, meurt dans le dénûment le plus absolu, mais en léguant son anneau pastoral au fidèle domestique pour unique paiement de ses gages arriérés. Lorsque celui-ci voulut prendre l'anneau, le doigt du défunt se détacha de la main; porteur de ce don céleste, le serviteur franchit les Alpes et regagna sa patrie. Accablé par la chaleur, il dépose son bourdon de pèlerin sur le tronc d'un arbre qui lui prête l'abri de son ombre contre un soleil brûlant. Réveillé, et au moment de reprendre sa route, il veut saisir son bâton qui, fixé en terre par un prodige, n'en peut être arraché. La nuit, trois flammes miraculeuses éclairent la cime du sapin protecteur et frappent la vue du seigneur de Ferrette, perché dans son château d'Engelbourg comme dans un nid d'aigle. Au point du jour, on s'agenouille au lieu révéré, on se signe, on prie, on fait vœu de bâtir une église; dans leur confiance anticipée, les reliques se laissent détacher du sol, l'église de Saint-Thiébaut est fondée; autour de la chapelle révérée, s'abritent d'humbles demeures protégées par elle, et le jeune Thann, ou la ville actuelle, prend un rapide accroissement.

Quant au pieux légataire du trésor, il passa ses vieux jours au château d'Engelbourg où ses derniers regards virent son maître canonisé, et les restes du bon évêque honorés d'un temple magnifique.

Une fête bizarre, dans le genre de celle du vieux Provins, racontée par M. Dusommerard, est encore célébrée dans le pays comme preuve et commémoration du prodige.

Grace à une loi rendue cette année et à l'honorable famille des Kœcklin, un chemin de fer va bientôt joindre Thann à Mulhausen. Chaque époque a sa personnification, et la petite ville d'Alsace réunira tout à la fois les merveilles de la foi de nos pères et celles de l'industrie de leurs enfans! C'est le cas de répéter : *Deux miracles valent mieux qu'un!*

Thann a suivi le sort de la province où il est situé; en 1632, 1634, 1639 et 1674, il fut pris et successivement repris par les Suédois, les Impériaux, le duc de Saxe-Weimar et les Français. La ville avait été entourée de murailles et de tours commencées en 1360 et terminées en 1411. Des portes fortifiées et d'une construction militaire assez élégante y donnaient accès aux étrangers. L'une d'elles, d'un style noble et d'un aspect imposant, qui a été reproduite dans la planche 30 de l'ouvrage de M. de Golbery, a malheureusement été démolie récemment. On construit peu de monumens aujourd'hui, et chaque jour semble enlever aux antiques cités et aux hommes dont elles sont l'ouvrage une partie de leur force et de leur beauté architecturale et pittoresque.

L'église de Saint-Thiébaut, selon la chronique publiée par un franciscain indigène, fut fondée en 1275, sur les dessins du célèbre Erwin de Steinbach, immortel auteur de la cathédrale de Strasbourg, et consacrée en 1346. Cependant une inscription placée sur la façade annonce que la première pierre a été posée le 25 mars 1430. Cette difficulté est conciliée par la supposition, devenue très probable aujourd'hui, d'une reconstruction en 1430, dans laquelle on aurait conservé le portail principal et quelques autres parties de l'édifice primitif qui ne fut achevé qu'en 1446. On raconte, et je le répète pieusement, qu'en 1431 le vin, digne rival au reste de celui de Surène, fut si abondant en Alsace qu'on l'employait en guise d'eau pour délayer le ciment ou mortier du bâtiment. *Pendez-vous, buveurs intrépides de nos jours, vous n'étiez pas là!*

La forme de l'église est celle d'un quadrilatère allongé terminé par une abside circulaire, et son style tient le milieu entre l'ogival français et l'ogival allemand plus lourd que le nôtre, sauf les clochers, et moins accompagné de piliers butans détachés des nefs, et d'ornemens à jour. Le portail principal présente une vaste arcade dans laquelle sont inscrites deux arcades égales. Le tympan orné de diverses figures est encadré dans un triple rang de tabernacles garnis de statuettes et surmonté du Père éternel entouré de personnages mystiques. Au bas du fronton règne une galerie à jour, au dessus de laquelle s'ouvrent deux fenêtres surmontées d'un dais élégant, et couronnées par un clocheton en pierre d'un travail délicat. La porte latérale est du même style, et ses décorations sont très bien conservées. L'ensemble du grand portail ne présenterait aucune prise à la critique, sans une fenêtre circulaire qui forme une choquante disparate, et sans un escalier angulaire qui, de même que dans la belle façade d'Abbeville, n'a pas de cage correspondante.

Mais le plus bel ornement de l'église de la ville de Thann est surtout la tour, digne sœur, bien que plus petite, des Pyramides de Strasbourg et de Fribourg en Brisgaw. Pour lui rendre justice il faut la juger à part de l'édifice entier avec lequel certainement elle n'est pas proportionnée. Elle est placée sur le côté d'une nef trop courte par rapport à elle, et veuve d'un second clocher de l'autre côté; défaut que l'église de Thann partage avec celle de Saint-Etienne, cathédrale de Vienne (Autriche).

La tour de Thann est formée d'un *square* percé de gracieuses ogives aux sveltes meneaux et terminée par une galerie évidée, construite en 1446. De la plate-forme s'élève une tour octogone à jour, raccordée à la forme carrée par des pinacles évidés et une arcade légère et dont les deux rangs de fenêtres, le premier à anse de panier, et le second en tiers-point, méritent de fixer l'attention des artistes et pour le style et pour la transition de la forme architecturale; de la seconde galerie à huit pans terminée en 1450, s'élance une pyramide également à jour, avec fleurons et crochet qui élève, dit-on, le signe de rédemption qui la décore, et la sanctifie à la hauteur de trois cents pieds.

Pour moi, je crois cette mesure exagérée. Quoi qu'il en soit, cette flèche est vraiment digne de l'admiration qu'elle excite généralement; et, dans mon estime, je place cet ouvrage de soi-disant barbares à côté des plus beaux édifices dits classiques de la Grèce antique, de Rome, et de Paris, l'Athènes de notre temps.

La prospérité de Thann suit une progression rapide; en 1831, la population était de 3937 habitans; elle s'élève, d'après le recensement officiel de 1836, à 5086, et ce n'est pas le dernier terme de son accroissement; des manufactures nombreuses s'y établissent, et les commerçans, comme ceux de leur célèbre voisine Mulhausen, réunissent, dans une juste proportion ,la prudence et l'esprit d'entreprise. Par leur intelligence ils sont déjà loin des XVIe et XVIIe siècles, qui étaient chez eux une époque d'incroyable ignorance et d'atroce barbarie. Depuis 1572 jusqu'en 1620, on vit périr sur les bûchers dans leurs murs *cent cinquante-deux* personnes comme sorcières, et à la même époque, dans l'Alsace, le Brisgaw et la Souabe, on a exécuté, pour le même crime imaginaire, plus de huit cents individus condamnés par des juges qui n'étaient pas sorciers eux-mêmes, sans doute, mais dont la froide et stupide cruauté frappe d'horreur! Que les habitans de Thann produisent encore des œuvres magiques dans les arts et l'industrie; leurs fabricans, deux fois heureux par cette nouvelle sorcellerie, pourront tout ensemble s'enrichir et ne plus être brûlés, dernier avantage qui n'est pas à dédaigner, selon d'Alembert.

CATHÉDRALE DE BALE.

N° 50.

Le canton de Bâle-Ville, depuis sa séparation, en 1833, de Bâle-Campagne, dont Liestal est le chef-lieu, est presque borné à la seule cité, qui contient environ 2,300 maisons et 18,000 habitans.

Bâle, l'antique *Augusta Rauracorum,* est célèbre par le concile qui porte son nom, les batailles de Saint-Jacques et de Dornach, livrées près de ses murs, et la naissance des Bernouilly, d'Euler et d'Holbein, dont la *Danse des morts* si fameuse et les tableaux, bien qu'altérés, sont le plus curieux et le plus bel ornement du Musée.

La ville est traversée par le Rhin, que l'on passe sur un pont de bois de 580 pieds de long; tous les touristes connaissent les trois faits singuliers relatifs à l'horloge, qui était en avance d'une heure depuis une conspiration déjouée par cette ruse, à la figure qui montrait la langue au *klein-basel* ou petit Bâle, faubourg Transrhénan, en signe de dérision; enfin, à M. de Chamilly, envoyé sur le pont, lors de la reddition de Strasbourg à Louis XIV.

Bâle est assez étendu; dans l'ancienne cité les rues sont étroites, mal pavées et montueuses. Mais la nouvelle ville et les faubourgs ont beaucoup gagné et renferment des habitations vastes et élégantes.

Les principaux monumens sont : la cathédrale, quelques églises, l'hôtel-de-ville, l'arsenal, la porte Saint-Paul, etc. Les remparts et la *pfalz* ou place de Munster offrent des points de vue agréables.

La cathédrale a été bâtie par Henri II, empereur d'Allemagne, qui régna depuis 1002 jusqu'en 1024, et qui, avant d'expirer, remit l'impératrice à ses parens en prononçant ces étranges paroles : « Je vous la rends vierge, comme je l'ai reçue. » Les deux époux avaient fait vœu de chasteté, et Henri, fidèle à sa parole, fut un véritable Robert d'Arbrissel couronné !

L'église est en croix et couverte de tuiles vernissées. Elle est généralement lourde et d'un gothique grossier, sauf l'étage octogone et les flèches en pierre des clochers. Les tours ont, l'une 203, et l'autre 200 pieds de haut. L'intérieur est grave et sans ornemens, comme tous les temples réformés ; les tableaux d'Holbein qui en faisaient la décoration furent retirés et transportés au Musée. Cet édifice religieux est riche en tombeaux ; on y voit entre autres ceux d'Erasme, d'OEcolampade, de l'impératrice Anne, des Bernouilly, de Mérian, etc.

Le bâtiment attenant à l'église est celui où le célèbre Concile de Bâle tint, sans beaucoup de fruit pour la chrétienté, ses longues séances depuis 1431 jusqu'en 1448. Bâle est un des entrepôts les plus importans du commerce de la France, de l'Allemagne et de la Suisse ; ses capitalistes commanditent Mulhausen et projettent un chemin de fer de Strasbourg à Bâle (1).

CHAPELLE DE HENRI VII,

ABBAYE DE WESTMINSTER A LONDRES.

N° 51.

Cet édifice, qui occupe au chevet de l'abbaye de Westminster la place des chapelles de la Vierge dans nos cathédrales, forme à lui seul une église composée d'une nef et de deux petites ailes partielles. Ce monument a 99 pieds de longueur, 66 de largeur et 54 de hau-

(1) La loi est présentée aux Chambres.

teur. Il est terminé à son abside par cinq côtés d'un décagone formant autant de petits sanctuaires. Les fenêtres sont au nombre de 19 en bas et de 14 seulement dans le haut; elles sont divisées par des meneaux et participent de l'ogival français et de l'ogival perpendiculaire anglais. La voûte est enrichie de clefs pendantes caractéristiques de l'époque et dont on voit plusieurs heureux exemples dans les colléges d'Oxford. Le toit est presque plat; il est soutenu par 14 arcs-boutans reliés à la nef à l'aide d'arcades à jour d'une grande délicatesse et terminés en pinacles ornés de fleurons et de crochets aux feuilles découpées. Le pavé est de marbre noir et blanc; les statues des patriarches et des apôtres, ombragées de dais admirablement fouillés au ciseau, sont très estimées ainsi que les siéges, qui sont d'un fini précieux et intéressent par la singularité des devises.

Le gothique est du XVIe siècle, car la première pierre fut posée le 24 janvier 1502, par Henri VII, vainqueur de l'odieux Richard III, tyran sanguinaire, mais guerrier intrépide, si bien peint d'un seul mot par Shakespeare, lorsque, démonté dans la bataille de Bosworth où il perdit le trône et la vie, il s'écrie : *My kingdom for a horse!* L'édifice fut achevé par Henri VIII, et restauré par l'ordre de George III, en 1809, sous la direction de M. Wyat, avec beaucoup de goût, et de respect pour le style général.

La chapelle de Henri VII est le véritable Panthéon de l'Angleterre, comme Saint-Denis en France et l'Escurial en Espagne; c'est un temple réservé, à la suite du temple principal. L'église de Westminster renferme bien quelques tombes d'anciens rois, d'artistes, d'auteurs et d'orateurs, comme l'a écrit Voltaire, et comme le redisent tous les voyageurs. Mais la chapelle, encore une fois, reste un sanctuaire royal pur de tout alliage plébéien. J'en consigne la remarque le premier; car il faut étudier à fond l'Angleterre, autrement on est trop facilement saisi d'admiration à l'aspect d'une superficie trompeuse.

La chapelle renferme, en effet, les tombeaux de Henri VII et d'Élisabeth sa femme, en basalte noir, avec ornemens, bas-reliefs, statues et balustrade en bronze doré par Torrigiano, célèbre sculpteur florentin; ceux d'Édouard V, d'Élisabeth, de Charles II, de Guillaume III, de la reine Anne; et dans des caveaux, ceux de George II, III et IV. Mais sauf Monk, qui comme Turenne fut enseveli avec les monarques, aucun homme sorti de la démocratie, quelque grand qu'il soit, n'a obtenu le partage de la sépulture royale.

C'est dans la nef de la chapelle que sont reçus les chevaliers de l'ordre du Bain; les armoiries et les couronnes de ces chevaliers, ainsi que les armes de leurs écuyers, sont renfermées dans des écussons de cuivre gravé, surmontés de leurs bannières et de leurs épées; je le répète comme un fait, la chapelle de Henri VII est le temple mortuaire, véritable et dédaigneux, de la royauté et de l'aristocratie anglaise! Il ne manque en réalité sur la porte d'entrée que les vers énergiques de Patrix et le *vade retro* de son *mort de qualité.*

TOMBEAUX DES ROIS CATHOLIQUES

DANS LA CATHÉDRALE DE GRENADE.

N° 52.

La cathédrale de Grenade est, à vrai dire, un édifice composé de trois églises, et conséquemment un monument sans unité, ce qui excite la juste critique des hommes de goût. Elle se compose d'une espèce de nef paroissiale, dont le style est lourd et sans grace, d'un dôme et de la chapelle de Ferdinand et d'Isabelle.

Le dôme, assez imposant et richement peint, sculpté et décoré, est porté sur douze arcs soutenus par de grands pilastres, auxquels sont adossées les statues des apôtres. Au dessus des arcades s'arrondissent deux rangs de balcons dorés d'un effet assez heureux.

La chapelle de Ferdinand et d'Isabelle, d'une vaste étendue, mais d'un caractère pesant, a été bâtie sous leur règne, c'est-à-dire dans un moment où les arts étaient en décadence au delà des Pyrénées.

Le tombeau du roi d'Aragon et de la reine de Castille est de marbre blanc : ce mausolée est l'ouvrage présumé d'artistes-sculpteurs italiens appelés par Charles V, et parmi lesquels se distingua le malheureux Torrigiano, qui fut brûlé par ordre de l'inquisition, pour avoir brisé d'un coup de maillet une statue de la Vierge mal payée à l'artiste. Auprès du tombeau de Ferdinand est placé celui de Philippe Ier et de Jeanne-la-Folle, sa femme. Ce monument est plus estimé que son voisin, bien qu'on leur reproche à tous les deux de la profusion et de la bizarrerie dans les ornemens.

Deux bas-reliefs sculptés dans cette chapelle appellent surtout l'intérêt des voyageurs. L'un représente des femmes maures recevant le baptême; c'est le seul qui nous ait conservé l'habillement authentique des femmes de Grenade, et il est presque identique avec celui que portent aujourd'hui les dames de Tétouan et de Fez. Dans l'autre bas-relief on voit des Maures les mains liées derrière le dos et sortant tristement de Grenade par la porte de la Justice, tandis que le malheureux prince Abu-Abdallah présente les clefs de la ville à Ferdinand et à son épouse. Douloureux spectacle, même pour un étranger à qui le magnifique mausolée des monarques espagnols rappelle que vainqueur et vaincus dorment aujourd'hui sous la pierre, et qui cherche involontairement à rétablir l'équilibre entre l'esclave et son maître en redisant avec Malherbe :

. . . .

Et dans les grands tombeaux où leurs ames hautaines
Font encore les vaines,
Ils sont mangés des vers !

PORTE DU JUBÉ D'ALBI.

N° 53.

Je renvoie le lecteur à la première partie de cet ouvrage dans lequel j'ai donné la description complète de la cathédrale d'Albi.

TABATIÈRES ANCIENNES,

ET NÉCESSAIRES EN IVOIRE.

N° 54.

CATHÉDRALE DE STRASBOURG.

N° 55.

L'origine précise de Strasbourg est incertaine; quelques flatteurs pseudo-historiques osent attribuer sa fondation à un fils de Ninus. Il paraît en réalité que cette ville, bourgade des Celtes, fut placée par Drusus au nombre des 50 forts qu'il érigea sur le Rhin, et nommée *Argentoratum*. Ptolémée, qui écrivit dans le IIe siècle de notre ère, en fit mention le premier. On a déterminé de nos jours l'enceinte des murs romains, d'une épaisseur moyenne de 11 pieds et d'une surface de 240,000 mètres carrés.

Constantin comprit *Argentoratum* dans la Germanie-Cisrhénane (*Germania prima*), et on y plaça une célèbre manufacture d'armes. Julien remporta en 357 une grande victoire sur sept rois allemands, près de cette ville, qui fut depuis successivement prise et pillée par les peuples barbares, Vandales, Alains, Huns, Suèves, Bourguignons, etc.

6

Aux VIe et VIIe siècles, *Argentoratum* devint *Strataburgum*, ou *Strata via*, d'où *Strasse*, d'après l'étymologie la plus raisonnable, parce qu'elle était traversée par la grande voie qui unissait les Gaules à la Germanie.

Strasbourg, devenue cité importante, impériale et libre, fit une espèce de ligne anséatique fluviale avec Mayence, Worms, Spire et Bâle, dont les destinées présentent des considérations intéressantes pour l'histoire commerciale du moyen âge. Cette ville soutint aussi des guerres de bourgeois contre les seigneurs voisins, très curieuses encore pour l'étude des mœurs féodales. Enfin, après avoir embrassé avec chaleur, en 1523, la doctrine de la réforme, elle fut réunie au royaume sous Louis XIV, par la convention d'Illkirk. Cette noble cité s'est toujours signalée depuis par son courage, sa fidélité et son patriotisme, honneur au prince qui sut attacher à la couronne de France ce joyau étincelant et pur!

Ancienne capitale de l'Alsace et chef-lieu aujourd'hui du département du Bas-Rhin, Strasbourg, à une demi-lieue du fleuve sur l'Ill et la Bruche, entourée de remparts et défendue par une citadelle, chef-d'œuvre de Vauban, est un des premiers boulevards du royaume. Sa plus grande longueur est de 1390, sa plus grande largeur de 858, et son circuit de 3375 toises. On y compte 7 portes, 289 places et rues, 47 ponts et 57,885 habitans.

Les places principales sont : la Place-d'Armes, celle du Marché-aux-Herbes, et de la Comédie. Les édifices civils intéressans sont : le Château-Royal, l'Hôtel de la Préfecture, des Deux-Ponts, le Palais-de-Justice, le Tribunal de Commerce, la Douane, la Salle de Spectacle, la Halle-aux-Blés, la *Frauenhause* (Maison Notre-Dame), les Casernes, les Hôpitaux, etc. Les édifices religieux sont nombreux, mais d'une architecture lourde, et dans un état de négligence qui ne fait point honneur aux administrations locales. Ces édifices appartiennent les uns au culte catholique, et les autres aux divers cultes réformés. Saint-Pierre-le-Jeune même est partagé par moitié entre les deux religions. Filles du même Dieu, ne doivent-elles pas se traiter en sœurs?

La plus ancienne église de Strasbourg est celle de Saint-Étienne, fondée dans le milieu du VIIIe siècle, par Adalbert, duc d'Alsace, et devenue la chapelle du Collége Royal. Les autres monumens religieux sont : Saint-Pierre-le-Jeune, bâti en 1031, le Temple-Neuf, vieil édifice fondé en 1254, Saint-Nicolas en 1182, Saint-Louis en 1252, mais reconstruit depuis, Saint-Pierre-le-Vieux, Saint-Guillaume, Saint-Jean, Sainte-Aurélie, et surtout Saint-Thomas qui date des premiers temps du christianisme, mais qui a été brûlé et rétabli plusieurs fois.

C'est à Saint-Thomas, le principal temple protestant, qu'est déposé le mausolée du maréchal de Saxe, dû au ciseau célèbre de Pigalle. Cet admirable monument, aujourd'hui entouré des tombeaux de Schœpflin, Oberlin et Kock, ne fut préservé du vandalisme des Iconoclastes de 93, que grâce à M. Mangelschott, garde-magasin des fourrages militaires, qui cacha le chef-d'œuvre sous une énorme masse de paille et de foin. C'est un devoir pour moi de rappeler ce fait et d'associer par la reconnaissance le nom glorieux de Pigalle au nom obscur mais honorable du citoyen qui défendit et conserva les œuvres du génie!

Mais le monument par excellence de Strasbourg, qui sous le rapport architectural individualise et illustre cette ville, c'est la tour de sa cathédrale, cette pyramide aérienne qui élève dans les nues à 437 pieds ses assises élégantes, filigrane de pierre à jour, où la lumière et les ombres jouent et se contrastent par mille accidens, toujours les mêmes et toujours nouveaux! O merveille de l'art, manifestation visible de l'enthousiasme religieux, et de la puissance du génie, qui peut rester froid en te contemplant? qui ne s'écrie d'amour et d'admiration : « Hommes du moyen âge, pardonnez-moi, car j'ai péché lorsque je vous ai méconnus; j'ai blasphémé lorsque je vous ai appelés barbares! à genoux devant votre œuvre, j'abjure mon hérésie et vous place désormais à côté des plus grands classiques de Rome et d'Athènes. Dans vos ouvrages et les leurs les formes sont différentes sans doute, mais le génie est le même, je le sens à mon émotion; et, plus instruite, ma virilité dans les arts vous rend l'hommage que vous refusait l'ignorance scolastique de ma jeunesse! »

Que le lecteur me pardonne cette prosopopée involontaire plutôt qu'ambitieuse; à peine archéologue, je n'ai pas encore l'imagination refroidie et le cœur pétrifié; mais patience, je me corrigerai. Pour commencer à me mortifier, je vais citer des dates et des mesures.

La cathédrale, selon les traditions, occupe l'emplacement d'un bois sacré des *Triboques,* peuplades barbares; les Romains y érigèrent un temple à Mars; mais, en 349, saint Materne, apôtre de l'Alsace, le renversa et jeta les fondemens de l'édifice consacré au vrai Dieu, et dédié à sa mère mortelle. Les monarques mérovingiens, depuis Clovis et sa victoire sur les Allemands, contribuèrent à embellir cette église; ils furent imités par les princes de la seconde race. Charlemagne construisit le chœur, dont une partie subsiste encore, selon Specklin; mais il a tort, comme il nous serait facile de le démontrer, si l'espace ne nous manquait.

Après plusieurs destructions successives d'églises en pierre et en bois, les fondations de la cathédrale actuelle furent faites en 1015, par l'évêque Wernher. Malgré divers accidens et travaux aisés à reconnaître, les voûtes supérieures furent achevées en 1275.

On s'accorde à dire que la première pierre du portail fut posée en 1277, par l'architecte Erwin, né à Steinback, petite ville du grand-duché de Bade. En 1290 fut achevé le premier étage de la façade où sont placées aujourd'hui quatre statues équestres de Clovis, Dagobert, Rodolphe de Hapsbourg et Louis XIV. A la mort du premier Erwin, en 1318, son fils Jean lui succéda et conduisit les travaux jusqu'à la plate-forme d'où s'élance isolément la tour. A son décès, en 1339, il fut remplacé par d'autres hommes de talent, et enfin la pyramide fut terminée en 1439, par Jean Hültz, de Cologne.

Voici les dimensions de la façade : sa largeur à la base est de 134 pieds, sans compter 24 pieds de plus pour l'épaisseur des contreforts latéraux. L'étage qui s'élève du sol et qui est caché dans la lithographie par l'interposition du toit aigu de la Douane, se compose de 3 portails, celui du milieu de 48 et les deux autres d'environ 30 pieds de large; les faces latérales du portail ont 48 pieds de développement. Le deuxième étage est percé d'une rose élégante de 150 pieds de tour, et le troisième de longues fenêtres ogivales à jour. Ces trois étages ont d'élévation, le premier 68 pieds, le second 57 1/2, et le troisième 77. Ainsi la hauteur totale jusqu'à la plate-forme, base de la tour isolée, est de 202 pieds 1/2. Comme point de comparaison je rappellerai que la hauteur des tours jumelles de Notre-Dame de Paris, est de 204 pieds 4 pouces. Dans le compartiment du milieu, à Strasbourg, est placé le bourdon qui pèse 18,000 livres. De la plate-forme, qui supporte la maisonnette des gardes et présente la superficie considérable de 2,000 pieds carrés, on jouit du panorama vraiment immense que déploient l'Alsace, le Rhin et la Forêt-Noire.

Il serait facile de prodiguer ici les richesses du style ornemental pour décrire la tour et la flèche; mais ce serait une inutile traduction, en langage, du coup d'œil attentif qu'il suffit de jeter sur le dessin joint à ce texte. Je dirai seulement que la grande fenêtre à jour, qui s'ouvre à partir de la galerie, a 75 pieds de haut, la seconde 21 pieds, et que la tour octogone présente un déploiement de 30 pieds sur chaque face. La flèche se termine aujourd'hui par un simple bouton de pierre; les statues et les poires en cuivre qui l'avaient précédé, ont été frappées à diverses fois par la foudre. On parvient au sommet de la pyramide par 635 degrés, jusqu'à la couronne d'où l'on ne peut monter qu'extérieurement par une vingtaine de marches et de barres de fer. La hauteur totale de cette admirable flèche est de 437 pieds 1/2, savoir, 202 1/2 jusqu'à la plate-forme, et 235 de là jusqu'au bouton. C'est après la grande pyramide d'Égypte de 466 pieds, le monument le plus élevé et j'ose dire le plus merveilleusement ouvragé du monde connu.

L'église, en forme de croix, présente trois caractères, la nef est ogivale, le chœur, le dôme et une partie des deux façades latérales, sauf les avant-corps, sont du troisième roman mêlé de gothique naissant, et enfin l'arrière-chœur est du roman pur primitif. La longueur de l'édifice est de 342 pieds, sa largeur à peu près de 130, celle de la nef de 65 et la hauteur sous voûte de 72 pieds. Il serait fort à désirer que le plan proposé pour l'achèvement du chœur, par l'architecte Friederich, fût adopté, et que cette vaste église présentât enfin l'unité artistique si précieuse pour l'homme de goût.

Parmi les curiosités intérieures de l'église, on place au premier rang l'horloge, la chaire à prêcher, le baptistère et les sacristies, le grand-autel, le pilier des anges, la crypte du saint Sépulcre, et la petite galerie creusée sous les fondations mêmes de l'édifice. On a trouvé que la base de cette tour, dont le front se perd dans la nue, est une couche d'argile. Ainsi c'est encore *la statue de Nabuchodonosor*.

ÉGLISE DE LA MARTORANA,

A PALERME.

N° 56.

Au nom seul de la Sicile, les souvenirs historiques assiégent en foule l'esprit et intéressent le cœur de l'homme de goût et d'instruction. On se représente successivement cette île célèbre placée entre l'Afrique et l'Europe, riche du soleil brûlant et créateur de la première, des arts et de la civilisation de la seconde, et on la suit depuis les fictions gracieuses qui entourent son berceau mythologique jusqu'à nos jours, où elle fut tristement attachée à Naples comme un lambeau de royaume.

On voit ses trois vallées devenir successivement le théâtre attachant des guerres entre les Carthaginois et les antiques souverains de la Sicile, de la désastreuse expédition des Athéniens, de la lutte entre Rome et Carthage, des combats de Sextus-Pompée contre Octave, de l'occupation des empereurs romains et grecs, des dévastations des Goths et des Vandales, de la domination des Sarrasins, des exploits chevaleresques des princes normands, des conquêtes de la maison d'Anjou; enfin, du gouvernement des rois d'Aragon, d'Espagne et de Bourbon. On se rappelle les noms grands et fameux d'Asdrubal, d'Himilcon, de Nicias, d'Agathocle, de Denis, d'Hiéron, de Timoléon, d'Archimède, de Marcellus, de Bélisaire, de l'émir Adelkan, de Roger, de Tancrède, de Charles d'Anjou, de Procida.....

Après les tableaux mouvans des passions et des scènes terribles qui s'agitèrent tour à tour au pied de l'impassible Etna qui porte toujours dans les nues sa couronne de glaces et de nuages, la seule qui argente aujourd'hui le front de la Sicile, on se représente rapidement les villes illustres qui animèrent ces contrées presque désertes, et les chefs-d'œuvre des arts déposés sur son sol natal par cent peuples divers: Ségeste et son temple de Diane; Agrigente et ses édifices consacrés à Junon-Lucine, à la Concorde, à Hercule et à Jupiter Olympien; Sélinunte et Himère avec leurs monumens du culte ancien; Syracuse, ses temples, ses murs, sa citadelle, sa fontaine d'Aréthuse et ses ports: chez les modernes, Messine et Montréal, avec leurs églises dues à la piété des princes normands; Palerme, qui conserve dans les châteaux de Cuba et de Zisa deux *spécimens* si importans de l'architecture arabe, et dans sa cathédrale, un des beaux et des plus intéressans édifices de la chrétienté!

Parmi les monumens religieux qu'érigèrent au dieu des armées qui les faisait triompher, les enfans valeureux de Hauteville, l'étranger remarque avec intérêt l'église de la *Martorana*, l'une des plus curieuses de la capitale de la Sicile. (Nous donnerons la description générale de Palerme avec le dessin de sa cathédrale, reproduit si heureusement par M. Giraud de Prangey.)

La *Martorana* a été fondée par Georgio Rozio Antichiano, amiral du roi Roger. Il reste quelque incertitude sur l'année précise de sa construction; les uns la placent à l'année 1113, les autres la fixent à l'année 1143, alors que cette église fut richement dotée. Elle fut consacrée seulement en 1173, si l'on en croit l'abbé Morzo.

Quoi qu'il en soit, la Martorana, originairement nommée Santa-Maria de *Admirato*, du titre de son fondateur, était alors distincte d'une grande chapelle érigée en 1193, par Aloysia, épouse de Goffredi *Martorana* et à laquelle fut attachée une corporation de religieux.

En 1433, les moines obtinrent, par privilége du roi Alphonse, et par rescrit du pape Eugène IV, la première église de *l'Admiraglio* qui commença dès lors à changer son nom pour celui de la *Martorana,* et celle du couvent fut alors appelée, d'après sa situation, *D'entro la Clausura.*

Les archéologues, malgré les ouvrages importans publiés sur la Sicile, et entre autres ceux de M. Hittorf, doivent être très circonspects dans la fixation du caractère et la description des monumens de ce pays. Ces édifices forment une branche spéciale dans la science, par leur combinaison souvent originale et capricieuse, des architectures arabe, byzantine et normande ou ogivale.

Je regrette vivement de n'avoir pas encore en ma possession, pour m'aider dans cette tâche, le travail sur les églises normandes de M. le duc de Serra di Falco, auteur du très bel et très consciencieux ouvrage publié à Naples sous le titre de *le Antichite della Sicilia.* Cependant, bien que j'aie sous les yeux une simple lithographie, je crois pouvoir dire que le clocher de la *Martorana* me paraît antérieur à 1433, époque assignée à sa construction. La porte du rez-de-chaussée est d'un caractère ogival très prononcé; mais son acuité m'indiquerait une retouche. Dans le premier et le second étage, les ogives sont moins pointues et elles enserrent des fenêtres à disques d'un byzantin évident. Enfin, le troisième étage qui, malheureusement, n'a pas conservé son couronnement, les créneaux et l'arcature des quatre tourelles arrondies sur les angles du *square*, me semblent reculer forcément la date attribuée à la tour.

Quant à la coupole, elle est évidemment orientale par sa forme octogonale, ses ornemens et le surbaissement de sa calotte demi-sphérique. Les fenêtres ont beaucoup de rapport avec celles des châteaux arabes de Cuba et de Zisa, bâtis à la fin du Xe ou au commencement du XIe siècle. La riche décoration intérieure de l'édifice est bysantine et semble parfois une réminiscence et même un placage matériel de certains ornemens de Ste-Sophie, imités par les ouvriers grecs, qui apportaient en Sicile les souvenirs et même la reproduction de la basilique par excellence de Constantinople et du Bas-Empire.

PORTE DE LA MAISON DES ENFANS-TROUVÉS,

A CORDOUE.

N° 57.

Cordoue, fondée par les Romains, avant la deuxième guerre punique, selon Silius-Italicus, ou par Marcellus, après la guerre sociale, selon Strabon, et patrie de Sénèque et de Lucain, est une des villes les plus intéressantes de la belle et malheureuse Espagne. Après la désastreuse bataille de Xérès de la Frontera, en 705, où Rodrigue perdit la couronne et la vie, Cordoue et Mérida furent les seules cités qui résistèrent avec quelque courage aux armes des musulmans; mais la première fut prise par la trahison d'un habitant qui introduisit les assiégeans par une espèce d'égoût. Cordoue devint la capitale de Musa, célèbre par ses infortunes autant que par sa gloire.

Appelé à Damas, ainsi que Tarik, le vainqueur des Goths, par le sultan Valid, il fut enchaîné dans les cachots. Après une longue captivité le kalife Suléiman le fit amener devant son trône et lui jeta la tête d'Abdelaziz, fils de Musa qui l'avait remplacé dans le gouvernement de Cordoue. Le malheureux père, insensé de désespoir, sortit du palais et courut droit au désert, où il mourut de douleur.

Cordoue fut long-temps soumise aux lieutenans des kalifes de Damas, et ce fut Abdérahman, l'un d'eux, qui perdit contre Charles-Martel et le duc d'Aquitaine la mémorable bataille de Tours; enfin, dans le Xe siècle, Abdérame, secouant le joug lointain des sultans, se déclara indépendant, et légitima son usurpation par le bonheur de ses sujets.

Les historiens rapportent, sur sa puissance, ses richesses et celles d'Abdérame, fondateur d'une prétendue ville de Zehra, des faits merveilleux, et qui semblent plutôt appartenir *à ces contes* que la sultane Schébérazade *contait si bien*, selon l'honnête M. Galland.

Mais il paraît plus certain que les états du souverain de l'Andalousie comptaient 80 grandes cités et 300 villes de second ordre; que 12,000 villages étaient répandus sur les bords du Guadalquivir; que son sérail renfermait 6,300 femmes et esclaves; que sa garde était formée de 18,000 cavaliers d'élite; enfin, que ses revenus personnels, indépendamment des impôts, s'élevaient à la somme énorme alors de 12,045,000 *dinars* d'or (chaque dinar valait 10 francs de notre monnaie).

Cordoue avait des écoles de science, de médecine, de philosophie et de musique, célèbres dans l'Orient; des colléges, une académie, des bibliothèques, 900 bains publics, 200,000 maisons, la belle mosquée encore debout à laquelle nous consacrerons un article particulier; des palais et de nombreux édifices renversés en partie par la main des conquérans espagnols, sous Ferdinand II, en 1236, et depuis, en 1589, par un tremblement de terre qui détruisit la moitié de la ville.

La cité moderne, réduite à 50,000 habitans, et baignée par le Guadalquivir, méritera cependant une excursion spéciale des touristes, lorsque la tranquillité sera rendue à l'Espagne dévastée. Cordoue est enserrée par des remparts flanqués de tours rondes, ouvrage successif des Romains et des Arabes, et entourée de faubourgs; aire immense, mais en partie déserte. On y comptait la cathédrale, 15 autres paroisses, 40 couvens, 2 colléges et 21 hôpitaux. On y remarque la mosquée, le palais épiscopal, l'alcazar, demeure des rois maures, depuis séjour de l'inquisition, et aujourd'hui caserne et prison, la tour de St-Nicolas, les églises des Martyrs, de St-Paul, des Capucins et de St-François, dont quelques unes sont ornées de beaux cloîtres et dont toutes sont enrichies de tableaux précieux; le pont, défendu du côté extérieur par une tour moresque, et ouvert du côté de la ville par une belle porte romaine; une colonne surmontée de la statue de l'ange Raphaël, protecteur de la cité, et d'agréables promenades.

L'hospice des Enfans-Trouvés est un vaste bâtiment qui n'a rien d'intéressant que la porte de la chapelle, reproduite par M. Asselineau. Cette belle entrée, réunit dans une page assez petite des singularités qui frapperont l'artiste au premier coup d'œil, telles que la porte à trèfle, adoucis, et le cintre circulaire surmonté d'une ogive. C'est un diamant mal enchâssé. Elle est placée au milieu d'une longue façade basse, percée de rares fenêtres modernes, et surmontée d'un pignon de même nature. On est presque tenté de dire aux Espagnols de Cordoue comme à ceux de Madrid, pour le pont du Mançanarès : « *Bonnes gens, vendez la porte pour acheter une façade!* »

CATHÉDRALE DE SUZE.

N° 58.

Suze, ancienne capitale des Ségusiens, fondée sous Auguste, selon quelques géographes, mais plus ancienne encore, selon Ammien Marcellin, est une petite ville d'environ 2,500 habitans. Elle est située sur la Cénise et la Doire, à dix lieues de Turin, au pied d'une gorge des Alpes Cottiennes, conduisant au Mont-Cenis, et connue sous le nom de *Pas-de-Suze.*

Les marquis de Suze, qui la prirent 1091, en firent la capitale du Piémont; Muratori rapporte qu'elle fut ravagée par l'empereur Frédéric Barberousse, que les habitans avaient tenté d'assassiner.

La position de Suze, à l'entrée de l'Italie, fut toujours fortifiée avec soin; le moyen-âge a bâti une enceinte garnie de tours aujourd'hui en ruine; mais l'art moderne avait construit sur une colline voisine une citadelle redoutable, *la Brunette,* qui, prise par nos armées en 1690, 1704 et 1796, fut enfin rasée à cette dernière époque.

Suze, magré son nom oriental, comme l'observe très justement M. Valery, est une petite cité qui ne présente rien d'intéressant qu'un arc de triomphe, dédié à Auguste, et formé de gros blocs de marbre, d'une belle ordonnance, mais d'un style médiocre. Il est composé de deux colonnes corinthiennes cannelées qui supportent un entablement dont la frise représente un triple sacrifice.

L'église paroissiale, appelée à tort cathédrale, est sombre et mesquine; les autres églises n'ont rien d'intéressant; les rues sont fort étroites, sales et mal pavées. La pluie et la neige y tombaient en abondance lorsque j'y passai. Après un séjour de 12 heures, je suis sorti de cette ville avec plus de plaisir encore que je n'y étais entré, et ma mémoire me la représente avec un aspect plus savoyard qu'italien.

DOUBLE TRAVÉE DU CLOITRE D'ARLES.

N° 59.

Arles, la Rome des Gaules, parait avoir été fondée par Jules-César, sur un territoire enlevé par lui à Marseille, et il voulut l'opposer à cette ville, comme, dans nos temps modernes, le roi de Danemarck Altona à Hambourg, et le duc de Savoie Thonon à Genève.

Constantin établit à Arles la préfecture des Gaules, et Honorius lui accorda divers priviléges dans un édit glorieux pour cette ville : « L'heureuse situation d'Arles, disait cet empereur, « fait qu'il n'existe point d'autre ville où l'on trouve plus aisément à échanger les produits « de toutes les contrées. Il semble que ces fruits renommés, dont chaque espèce ne parvient « à sa perfection que dans un climat particulier, ne croissent tous que dans les environs « d'Arles.... Cette cité enfin est le lieu que la Méditerranée et le Rhône semblent avoir choisi « pour y réunir leurs eaux et recevoir toutes les nations qui habitent sur les bords de cette « mer et sur les rives de ce fleuve. »

Après avoir été romaine pendant six siècles, Arles, prise par les Goths et les Francs mérovingiens, devint ensuite la capitale du royaume de Boson. En 1131, cette cité se constitua en république et devint une des villes de commerce maritime les plus importantes du moyen-âge, jusqu'à ce qu'elle se soumit, en 1251, à Charles d'Anjou, comte de Provence. Aujourd'hui c'est une sous-préfecture du département des Bouches-du-Rhône, et sa population, qui sous les Romains avait dépassé 100,000 ames, est de 20,048 habitans.

Arles, située sur la rive gauche du Rhône qui la sépare de son faubourg, forme un demi-cercle allongé, de 78 hectares de superficie, et entouré par de vieux remparts devenus inutiles. Les rues, mal pavées, sont cependant assez régulières. La ville renferme trois places principales, deux monumens anciens, l'amphithéâtre et le théâtre, les débris du forum et du palais de Constantin, un bel hôtel-de-ville de style corinthien, un obélisque monolithe français de 47 pieds de long sur 5 pieds 3 pouces de large à sa base; quatre églises, deux promenades, la lice et l'Éliscamps ou champs-élysées, nécropole dévastée, qui commence près de ses murs extérieurs.

Malgré la prétendue chapelle consacrée à la Vierge, avec cette inscription : *Sacellum dedicatum Dei paræ adhuc viventi;* malgré la tradition qui attribue aussi faussement la conversion d'Arles au christianisme à un disciple de S. Paul, il parait en réalité que c'est en 250 de notre ère que l'on doit placer la mission de S. Trophime, apôtre de cette ville et protecteur de sa cathédrale.

M. Du Mége, auteur de la monographie de cette métropole, nous donne peu de détails archéologiques et métriques sur cette église. Le portail est byzantin et d'une grande richesse; il semble contemporain de celui de Saint-Giles et de celui de Notre-Dame-la-Grande, et conséquemment il a été bâti dans la fin du XIe siècle. Le reste de la façade, demeurée incomplète, ne présente qu'une vaste muraille lisse et d'un affligeant contraste avec la somptuosité du porche. L'intérieur de Saint-Trophime, toujours d'après M. Du Mége, est composé de deux parties, et n'offre d'intéressant que des tombeaux d'archevêques encastrés dans les parois latérales des chapelles. La tour qui est carrée et s'élève en retraites successives, percée d'étroites et rares fenêtres romanes, et couverte d'un toit à quatre pans écrasés, est massive et peu remarquable.

Le Cloître de Saint-Trophime est un monument très bien conservé et d'un aspect mystérieux. Deux des galeries sont romanes et présentent des chapitaux curieux ; les deux autres sont ogivales et du XIVe siècle : ainsi ce *proumenoir religieux* réunit deux types d'architecture différens, dont l'un impose par sa masse, et dont l'autre plait par sa légèreté.

ARMURE TIRÉE DU MUSÉE D'ARTILLERIE.

N° 60.

ÉGLISE NOTRE-DAME

A CHALONS-SUR-MARNE.

N° 61.

Châlons, chef-lieu du département de la Marne, était une ville ancienne et déjà importante sous les Romains. S. Memmie y prêcha le christianisme en 250, et en fut le premier évêque. C'est dans les champs *Catalauniens*, entre Châlons et Troyes, que fut livrée, en 452, la sanglante bataille qui sauva les Gaules des fureurs d'Attila. Au xe siècle Châlons forma une espèce d'état libre, sous le gouvernement de ses évêques, jusqu'en 1360, année à laquelle le roi Jean réunit cette ville à la couronne.

Châlons était une ville de commerce et d'industrie; sa population, disent quelques auteurs, s'éleva jusqu'à soixante mille ames; mais la révocation de l'édit de Nantes, en 1685, outre plusieurs autres causes de décadence, réduisirent ses habitans à 6,000, à la fin du siècle dernier. Aujourd'hui Châlons compte 12,952 habitans et 2,250 maisons. Son enceinte est d'environ 1,800 toises; ses anciens remparts ont été détruits en partie, et plantés d'arbres, ainsi que la promenade du Jars, une des plus belles de France.

Les monumens les plus remarquables sont la cathédrale, bel édifice gothique, dont le chœur et le clocher furent détruits par la foudre, en 1668. Grace à la générosité de Louis XIV, le dommage fut réparé, et deux belles flèches en pierre et à jour s'élancèrent dans les airs, des deux côtés du chevet, à 230 ou 240 pieds. L'église a 320 pieds de long et 105 environ de hauteur sous clef de voûte. Le portail, construction récente de Mansard, auteur du beau portail de Saint-Gervais, à Paris, est également formé de trois ordres superposés; mais il est un peu lourd, outre la même disconvenance d'avec l'architecture ogivale de l'église.

Les autres édifices sont Saint-Alpin, avec une tour octogone, Saint-Loup et Saint-Jean, l'hôtel-de-ville, la préfecture, le collége, son dôme, les casernes, la salle de spectacle, la porte Dauphine et l'école des Arts-et-Métiers.

Notre-Dame est une église importante, située presque au centre de la ville et sur un bras de la Marne enserré dans un quai large et aéré. On croit que S. Alpin en jeta les fondemens, en 450, sur l'emplacement d'un souterrain où les druides venaient offrir, le 1er de chaque mois, des sacrifices à une de leurs divinités, dans une vallée ombragée d'arbres épais d'où l'église avait pris le nom de Notre-Dame-du-Vau (des vallées, du val).

Bâtie originairement en bois, elle fut édifiée en pierre en 1157, et terminée en 1322, sous l'épiscopat de Pierre de Latilly. Le caractère architectural de cet édifice dont la construction dura 155 ans, s'altéra pendant un aussi long espace de temps. Aussi une grande partie du chœur, des bas-côtés et des tours est-il roman secondaire et tertiaire. Sauf des raccords et les retouches, le reste est du premier ogival, et généralement encore lourd et sans grace. Mais la hauteur du vaisseau et son étendue dissimulent ce défaut, et l'ensemble du monument impose par sa grandeur et sa solidité.

Le maître-hôtel, les buffets d'orgues, le pavé, espèce de mosaïque chargée d'inscriptions, et les verrières, méritent quelque attention. La flèche est couverte en plomb, ainsi que tout le vaisseau ; avant la révolution, les trois autres tours, aujourd'hui rabaissées presque au niveau du toit, étaient surmontées d'aiguilles assez élégantes. Mais, malgré cette perte, Châlons frappe encore les regards du voyageur par l'ensemble de ses monumens; et, bien que réduit à 12,000 habitans, lorsqu'on pénètre dans son enceinte on n'a pas le déplaisir de trop penser *aux bâtons de Delphes.*

CLOITRE DE LA CATHÉDRALE

A ZURICH.

N° 62.

Le nom de Zurich est cher à tous les Français; il nous rappelle l'illustre Masséna et sa victoire du 26 septembre 1798, qui sauva la France de l'invasion des Russes et des Autrichiens confédérés.

Le canton de Zurich, le premier en rang et l'un des plus importans de la Suisse, a 12 lieues de long sur 10 de large, et compte 231,576 habitans. Il est traversé par trois chaînes de montagnes dont la plus haute, le mont Hornli, n'a que 3,589 pieds au dessus de la mer. Le canton, arrosé par la Limmat, le Rhin et la Reuss, renferme un grand nombre de lacs dont le plus important est celui de Zurich, de 11 lieues de long sur une largeur moyenne de 1800 toises et une profondeur de 600 pieds aux environs de la presqu'île.

La ville de Zurich, le *Turicum* des Romains, se convertit au christianisme dans le IIIe siècle, fut déclarée ville impériale libre en 1218, s'unit aux cantons forestiers en 1381, embrassa la réforme au XVIe siècle, et combattit à Capel où Zwingle scella sa profession de foi de son sang. Zurich renferme à peu près 1,500 maisons et 15,000 ames; mais son étendue et sa population augmentent sans cesse.

Située sur la Limmat que l'on traverse sur trois ponts, cette cité est entourée en partie de vieilles murailles flanquées de tours et était défendue, en outre, par des fortifications modernes et bastionnées. Mais, au bruit de la révolution de 1830, elle se rappela qu'elle avait connu, en 1798, les dangereux honneurs d'une place militaire; craignant de devenir le point d'appui d'une des puissances belligérantes, la foule courut aux remparts,

« Et de ses propres mains renversa ses murailles. »

J'ai vu commencer cette démolition en 1831, et elle fut terminée en 1833. J'espère qu'on aura conservé le *Lindenhof* et le Katzeberg d'où la vue sur le lac et les Alpes suisses est vraiment admirable.

La ville est montueuse, excepté dans les beaux faubourgs de Thalaker et du Stadelhofen, et les rues en sont escarpées et étroites, à de rares exceptions près. Elle contient quelques places médiocres et deux superbes promenades, *la terrasse* couverte d'arbres dans la ville vieille, et la *platz*, vaste pelouse hors de la cité, sur une presqu'île, au confluent de la Sihl et de la Limmat, dont les vertes plantations ombragent le tombeau du bon Gessner.

Les établissemens d'utilité publique, de sciences, d'industrie et de commerce, sont très nombreux et méritent l'attention et l'étude des voyageurs. Il en est de même des institutions de charité et des sociétés pour le soulagement des pauvres.

Les édifices importans sont l'hôtel-de-ville, bâti en 1398 et restauré en 1699; la tour de Wellenberg, située au milieu du fleuve, qui servit tout à la fois de prison d'état et de forteresse; la bibliothèque, placée non loin de là, sur les bords de la rivière également, et qui contient 60,000 volumes; l'observatoire; la maison des orphelins, noble édifice construit en 1765, et plusieurs églises, celles dites *Prediger Kirche,* de Saint-Pierre et de la Vierge. Ces deux dernières sont accotées chacune d'un clocher assez élevé et d'un effet pittoresque.

La cathédrale, autrefois consacrée aux martyrs Félix et Regula, connue à Zurich sous le nom de *Gross-Munster,* et qui est aujourd'hui un temple réformé, est un vaste édifice dont l'intérieur, composé d'une longue nef terminée carrément, sans croisillons et sans ornemens, est d'une grande nudité; mais le portail est majestueux. Il est formé de deux tours réunies par un fronton, et déjà exhaussées par une terrasse abruptement coupée. Ces deux tours, jadis surmontées de clochers aigus dont j'ai les dessins, ont été restaurées vers la fin du XVIIe siècle, et maintenant elles se terminent chacune par une espèce de mitre qui couronne à 200 pieds du pavé un double dôme. Quelques auteurs attribuent la construction de cet édifice à Charlemagne; d'autres lui donnent pour fondateur Othon-le-Grand. Mais une notable partie de l'église est postérieure même à ce dernier prince, et appartient au deuxième ogival, si ma mémoire me sert bien, car je ne trouve aucun document sur ce point dans les ouvrages que je consulte. On voit sur la façade une statue équestre de Robert, seigneur allemand, et une statue de Charlemagne, d'un travail grossier, mais qui n'est pas très ancien.

Le cloître carré, petit, mais bien conservé, est attenant à l'église et présente de l'intérêt par son unité. Ses chapiteaux du romain tertiaire et bysantin sont surmontés d'arcades du premier ogival, mais avec arêtes en saillie. Il est très bien disposé pour un musée d'antiquités, puisqu'il ne peut être rendu à sa destination primitive, la prière et la promenade religieuses.

ÉGLISE DE THANN.

N° 63.

Voir la notice sur la ville et l'église au n° 49.

CHAIRE ÉPISCOPALE ET PRIE-DIEU

DANS L'ÉGLISE DE MOELLEN,

GRAND DUCHÉ DE HOLSTEIN.

N° 64.

Mœllen est une petite ville de 1800 habitans, située sur la Stecknitz, à quelques lieues de Lubeck, dans le duché de Lauenbourg. Cette principauté, de 38 lieues carrées et d'une population de 35,000 ames, sur la rive droite de l'Elbe, a été cédée au Danemarck en 1815, comme une dérisoire compensation de la spoliation de la Norwége, et réunie au Holstein.

Malgré son peu d'importance, Mœllen présente de l'intérêt par son château demi-ruiné, les restes de ses fortifications, quelques habitations particulières, et une miniature d'édifices publics en rapport avec l'exiguité de la cité.

L'hôtel-de-ville, bâti en briques, porte inscrite la date de 1373. La façade est formée de plusieurs étages d'arcades ogivales en retraites successives. L'église cruciforme paraît appartenir au XIII siècle, et se termine par un pan coupé à fronton auquel le chœur se rattache en cul-de-four, ignoble expression sans équivalent exact, dont la juste indignation de Voltaire (1) n'a pas purgé notre langue. La chaire, sculptée d'un travail assez grossier, est en bois de chêne, et placée à la droite du maître-autel.

Ainsi, à Mœllen, comme dans presque toutes les petites villes jetées sur la langue de terre sablonneuse battue des flots de la Baltique et de la mer du Nord, on retrouve un donjon fortifié, des églises changées depuis, en temples réformés, et des *rathhausen* ou hôtels-de-ville. Ces trois sortes d'édifice sont, pour ainsi dire, la personnification du moyen-âge : la foi, la force et le droit.

PARTIE DE LA FAÇADE D'AUXERRE.

N° 65.

Auxerre, déjà célèbre sous le nom *d'Autissiodorum*, fut pris par Jules-César, et classé dans la 17e Lyonnaise. Long-temps soumise aux Romains, cette ville avait été enrichie par eux d'un grand nombre d'édifices, un amphithéâtre, une enceinte de murailles de 1,100 mètres de tour, et plusieurs temples. On y a trouvé des inscriptions, des médailles, des amphores, des monumens funéraires, les bas-reliefs du tombeau de la fille de l'empereur Julien, des statues de Mars, de Mercure en bronze et d'autres antiquités.

S. Pélerin, martyrisé sous Dioclétien, fut le premier évêque d'Auxerre, et ses successeurs présentent des noms illustres parmi lesquels on doit placer au premier rang le célèbre Amyot dont la vieillesse fut souvent outragée par ses ingrats diocésains. L'abbé Lebeuf était originaire de cette ville dont il a donné l'histoire, refaite de nos jours par M. Chardon, président du tribunal, et auteur d'un traité *De la fraude*, justement estimé.

Auxerre fut successivement pris par les Sarrasins en 732, les Normands en 887, les An-

(1) On sait que c'est à cet auteur que l'on doit le mot *impasse*.

glais en 1353, les calvinistes en 1567, et enfin les Autrichiens en 1814. Aujourd'hui cette ville est le chef-lieu du département d'Yonne, mais l'évêché a été supprimé. La population de 11,575 ames seulement est stationnaire. Espérons que l'heureuse position d'une cité traversée par de grandes routes importantes, la navigation du nouveau canal du Nivernais et l'amélioration du cours de l'Yonne accroitront une prospérité dont la fertilité du sol et l'industrie des habitans forment déjà une base solide.

Auxerre est situé en amphithéâtre sur les bords de l'Yonne; ses églises gothiques, aux tours et aux flèches élancées qui dominent ses maisons étagées depuis le demi-cercle d'un quai spacieux; la rivière, couverte de bateaux en mouvement, y compris le fameux *coche* devenu historique; les belles promenades et les vieilles murailles qui entourent encore la cité, une enceinte de collines couvertes de pampres verts; tout cet ensemble est vraiment ravissant.

L'intérieur de la ville est moins agréable; les rues en général sont étroites et mal pavées; mais les rues du Temple et de Paris, jointes par une place ornée d'une fontaine assez élégante, forment une heureuse exception. Il serait à souhaiter que des travaux mieux conçus que les entreprises précédentes amenassent enfin jusque dans ses murs les eaux abondantes de Vallon; ce serait un puissant moyen d'embellissement et de salubrité.

Forcé par le peu d'espace qui m'est réservé de resserrer la description d'Auxerre, berceau d'une partie de ma famille, je passe à regret à la nomenclature plutôt qu'à la description de ses édifices religieux.

Saint-Etienne, l'ancienne cathédrale, est une admirable basilique, commencée en 1035 et consacrée en 1119. Mais le portail du nord a été bâti dans le commencement du xve siècle, et la tour, haute de 183 pieds, n'a été achevée qu'en 1543; ces dates disent assez que le style est ogival et des trois caractères connus en archéologie. L'église a 300 pieds de long, 120 de large et 100 d'élévation, sous clé de voûte. Un énorme S. Christophe, de 29 pieds de haut, commencé en 1539, fut démoli en 1768; son frère de Notre-Dame de Paris ne fut détruit qu'en 1786. On admire avec raison l'admirable délicatesse des sculptures intérieures et extérieures de l'église, la richesse de ses arabesques, la beauté de ses vitraux, et la noblesse d'une statue de S. Étienne, en marbre blanc, posée dans le sanctuaire.

Les autres édifices d'Auxerre sont l'ancienne abbaye royale de Saint-Germain, aujourd'hui l'hôtel-dieu, dont le clocher, les cryptes et le chevet sont justement célèbres; l'église de Saint-Pierre, dont la tour de 150 pieds de haut est merveilleuse de ciselures; celle de Saint-Eusèbe dont le chœur, les vitraux et le clocher sont remarquables; l'horloge, placée en 1457 sur la tour d'une porte-de-ville, nommée *la Gaillarde*, dont l'élégante flèche fuselée, en bois, fut brûlée en 1825, et rétablie avec assez peu de goût; le séminaire, la salle de spectacle, la préfecture et le palais-de-justice.

La tour de Saint-Étienne s'élève majestueusement sur toute la ville; mais malheureusement elle est seule. Comme à Troyes, à Sens, à Bourges, à Limoges, à Saint-Eustache, Saint-Sulpice de Paris, dans cent basiliques de France, la tour jumelle manque ou forme des disparates choquantes. Nos temps modernes *d'utilité et d'incrédulité* ne construisent plus aucun grand édifice; si du moins ils achevaient les temples commencés!

HORLOGE EN FER DAMASQUINÉ,

COLLECTION DE M. DUBRUGE-DUMENIL.

N° 66.

INTÉRIEUR DE L'ALCAZAR DE SÉVILLE.

N° 67.

Séville conserve les traces des diverses nations qui l'ont habitée; les Romains y ont construit ses murailles flanquées de 266 tours carrées, la porte Dorique de Triana, le vaste aqueduc connu sous le nom de *caños* (canaux) *de Carmona,* la tour d'Or, et de nombreux édifices dont les colonnes ont été récemment découvertes dans des jardins particuliers; les Maures ont bâti la noble tour de la Giralda, et l'Alcazar ou palais des rois. (Je conserve la locution française, quoique vicieuse, car *al* est l'article arabe.)

L'Alcazar, bâti par Abdalasis, puis augmenté et embelli par Pierre-le-Cruel, Charles-Quint et Philippe V, est un édifice important, bien qu'inférieur à l'Alhambra, ornement de Grenade. L'Alcazar de Séville, successivement habité par les monarques maures et catholiques, a reçu dans son style, tantôt gothique et tantôt arabe, dans ses ornemens, tantôt de marbre et tantôt en stuc et briques vernissées, le cachet de ses divers architectes royaux. Il contient encore 78 appartemens qui communiquent entre eux, et sont toujours rafraîchis par une eau abondante qui jaillit en fontaines dans les jardins, sous les citronniers, les orangers et d'autres arbres odoriférans.

La salle des Ambassadeurs, enrichie d'arabesques brillantes autrefois d'or et des couleurs les plus vives, de trente pieds sur chaque face et d'une grande élévation, est admirable par la grandeur de ses proportions et la profusion de ses gracieux détails. On y a placé récemment un musée de statues trouvées à Séville et dans les environs, et de portraits des rois d'Espagne, depuis saint Ferdinand, prince qui prit Séville sur les Maures.

Les jardins sont entourés d'arcades supportant une terrasse, et le *patio*, ou grande cour, est formé de deux rangs de galeries superposées, séparées par 104 colonnes corinthiennes de marbre blanc. On doit remarquer avec intérêt que, par exception, et de même que dans la colonnade du Louvre, ces colonnes sont accouplées. Au milieu de cette cour déserte, une fontaine, aujourd'hui abandonnée, verse des larmes solitaires sur la désolation du palais et le sort de ses maîtres qui ne sont plus!

CLOCHER DE HARFLEUR.

N° 68.

Harfleur, petite ville de la Normandie, sur les bords de la Lézarde qui se jette dans la Seine, est réduite à 1450 habitans. Dans le moyen âge elle était considérable; Monstrelet la nomme *le souverain port de la Normandie.* La fondation du Havre et la révocation de l'édit de Nantes ont consommé sa ruine.

C'est en sortant de Harfleur, et non de Barfleur, que la Blanche-Nef périt sur les rochers à fleur d'eau appelés Ras-de-Catteville, ainsi que tous les enfans de Henri Ier, roi d'Angleterre, et des principaux seigneurs de sa cour. Henri V s'empara de Harfleur en 1415, peu avant la funeste bataille d'Azincourt; dès l'année suivante, la ville fut réassiégée par Narbonne, vice-amiral de France, et vivement pressée.

Le monarque anglais voulait s'embarquer en personne pour aller délivrer sa nouvelle conquête, mais il fut détourné de son dessein par l'empereur Sigismond, son allié par mariage, et son hôte à Londres. Il mit donc son armée navale, montant à 400 voiles, sous le commandement du duc de Bedford (depuis régent), et celui-ci partit de Rye avec un bon vent et jeta l'ancre à l'embouchure de la Seine.

Narbonne, averti, s'avança pour combattre avec une flotte en désordre; le courage et l'imprudence semblaient le partage de nos amiraux comme de nos généraux dans ces temps funestes, et les flots de la mer devaient encore se teindre du sang généreux qui venait de rougir les champs d'Azincourt, deux navires français s'avancèrent seuls à l'étourdie pour attaquer la ligne ennemie, ils furent enveloppés et détruits par un fatal présage trop bien confirmé par l'événement. Cinq cents vaisseaux, c'est-à-dire notre flotte presque entière, furent pris ou coulés bas, et les Espagnols nos alliés partagèrent ce désastre.

Mais la flotte victorieuse faillit trouver sa ruine au milieu même de son triomphe; elle fut arrêtée par un calme plat après l'action et retenue pendant plus de trois semaines dans la rade : les cadavres qui entouraient les navires, au mois d'août, infectèrent l'air, et les vaincus, intrépides encore dans leur défaite, furent sur le point de détruire les vaisseaux anglais à l'aide du terrible feu grégeois rapporté des guerres d'Orient.

Le vieux Hardyng, dans sa chronique ruinée d'Outre-Manche, rend compte de ces faits historiques avec une naïve énergie :

« On se battit long-temps et durement en face de l'Ile de la Seine, avec des carraques « bien équippées et bien armées. Beaucoup d'autres grands vaisseaux d'Espagne, bateaux « balingers et galères, vinrent sans qu'on les en priât se jeter sur notre flotte. Le soir leurs « voiles étoient vaincues et leurs soldats meurtris et accablés.

« Dans la mer périrent beaucoup d'hommes noyés, si bien que le jour de la fête de la « Nativité, notre flotte, en s'avançant, étoit environnée de cadavres ; triste spectacle, hor- « rible et pitoyable chose que les millions de corps morts, aucuns disent vingt mille, que « cette hardie bataille enleva.

« Cependant la mer étoit si calme et sans aucun vent que nos voiles ne bougeoient pas et « que nous ne pouvions quitter ces parages. Quant l'ennemi s'en aperçut il fit force de « rames pour nous entourer et lancer sur nous des feux qui devoient incendier nos vais- « seaux. »

Hardyng termine le tableau, douloureux pour nous, de ce Trafalgar du XVe siècle, par cette pensée si souvent reproduite depuis sous toutes les formes par les annalistes mari- times :

« Ce combat fut long, mais plus dangereux que long, et plus cruel encore que dangereux; « car les batailles navales sont les plus terribles de toutes; vainqueurs et vaincus n'ayant « point de refuge et ne pouvant se fier qu'à leur propre courage. »

Mais, en 1449, Charles VII reprit pour toujours Harfleur, après un siége difficile où, dit encore Monstrelet, il s'exposa beaucoup « *ès fosses et ès mines,* sa salade sur sa tête et son pavois en main. »

On peut lire dans l'opuscule de M. Nodier, sur la Seine et son cours, le détail d'une saturnale du mardi-gras sur le *bâton friseux* remis, au milieu d'un charivari dont la mu- sique discordante n'est pas aussi moderne qu'on le croit communément, au mari le plus brutal de la ville.

On a reconstruit récemment en pierre, comme autrefois, la flèche du clocher de Har- fleur qui menaçait ruine; et cette pyramide élégante, du deuxième ogival, s'élève encore à une hauteur de 150 pieds pour rappeler au loin, dans les airs, les deux vers en bon français de notre Casimir Delavigne :

C'est le clocher d'Harfleur, debout pour nous apprendre
Que l'Anglais l'a bâti, mais ne l'a su défendre.

Les petits navires de commerce et de cabotage remontent la Lézarde jusqu'au milieu d'Harfleur, éloigné aujourd'hui de la Seine de près d'une demi-lieue. Ainsi les poissons nagent là où marchaient les troupeaux, comme au Zuyderzée jouent les dauphins et les dorades là où paissaient les taureaux et les génisses.

CHAPELLE DE ROSLYN.

N° 69.

Le vent des tempêtes politiques et religieuses a soufflé sur l'Écosse comme sur la France, et ces deux contrées long-temps alliées, quoique séparées par l'Océan, furent couvertes des ruines de leurs édifices religieux et ont de sanglans trépas royaux à raconter.

Walter Scott, dans ses Puritains, dans l'Abbé et le Monastère, nous a présenté avec une habile énergie de pinceau quelques unes des scènes de ces drames terribles, qui avaient déjà trouvé dans Robertson un sublime historien. L'Écosse porte encore, pour nous renfermer dans le sujet de cet ouvrage, des cicatrices profondes et multipliées du vandalisme des covenantaires, dignes exécuteurs des ordres de Knox, un de leurs chefs spirituels. « Renversez et brûlez les monastères et les églises, disait-il, qu'il n'y reste pas pierre sur pierre; car si vous ne détruisez les nids, les corbeaux reviendront toujours. » La Basse-Écosse renfermait une foule d'édifices à croix latine et à tour carrée au milieu du croisillon dont j'ai vu les restes en parcourant les trois royaumes, et dont je possède un grand nombre de vues dans des ouvrages spéciaux d'architecture anglaise.

Parmi les monumens qui seront long-temps encore à mourir, car ils étaient construits par des géans, ceux qu'enfanta la foi, les touristes anglais, leurs romanciers et leurs peintres célèbrent surtout la chapelle d'Holyrood à Edimbourg, l'abbaye de Melrose dont quelques sculptures vont enrichir la tour monumentale que l'on élève à la gloire de Walter Scott dans la capitale de la Calédonie, et la chapelle de Roslyn.

Cette dernière, située sur une hauteur qui domine la vallée de l'Esk, à quelques milles d'Édimbourg, et près du château ruiné des barons de Roslyn, est toujours l'objet d'un pèlerinage pour l'ami des arts. L'église fut bâtie en 1446, par Guillaume Saint-Clair, dont les nombreux et curieux titres féodaux sont rapportés dans une note du *dernier des ménestrels*. A la fondation de la basilique, le moyen âge, toujours conteur et crédule, rattache une légende fort peu vraisemblable.

Guillaume de Saint-Clair chassait dans les marais de Roslyn avec le roi Robert Bruce; il gagea sa tête que ses chiens atteindraient et saisiraient un daim avant qu'il eût franchi l'Esk qui arrose la vallée. Mais le léger quadrupède laissait au loin derrière lui la meute haletante, et il allait s'élancer au delà du ruisseau lorsque Guillaume, tremblant pour sa vie, promit de consacrer une église à Sainte-Catherine s'il gagnait son imprudent pari. A l'instant l'animal agile sembla paralysé; il s'arrêta, fut atteint d'un seul bond et mis à mort par les limiers, ses vainqueurs.

La chapelle de Roslyn, heureusement, est demeurée presque intacte; elle a été abandonnée, mais non détruite, et son mérite est l'objet d'une controverse animée entre les artistes.

Monsieur Scott soutient que le style et les sculptures de l'église sont plus riches qu'élégantes; il ajoute qu'elle réunit des caractères différens des XIIIe, XIVe, XVe et XVIe siècles; que cet assemblage produit un effet plus bizarre qu'agréable.

Monsieur Britton, au contraire, est un admirateur passionné des beautés de cet édifice, et je traduirai le résumé de son opinion écrite dans son bel ouvrage intitulé *Architectural antiquities.*

« La chapelle de Roslyn est assurément un édifice unique, curieux, artistement tra-
« vaillé et singulièrement intéressant. Il réunit la solidité du style roman et la finesse
« exquise des sculptures du gothique des derniers Tudors. Il est impossible de désigner l'ar-
« chitecture de ce bâtiment avec des termes connus et classiques; car sa variété, sa délicatesse
« et son excentricité ne peuvent être définis par des mots agréés dans le dictionnaire des arts. »

L'église forme un parallélogramme, double à peu près en longueur, terminé par une chapelle de la Vierge et accompagné de bas-côtés. On peut juger de l'exquise ténuité de ses ornemens par la colonne représentée dans la lithographie, et sur laquelle on fait aussi une histoire de jalousie de la part du maître, de talent de la part de l'apprenti, et de mort après l'achèvement de l'ouvrage: conte reproduit à Rouen ainsi qu'à Strasbourg, etc., et qui ne prouve qu'une vérité, à savoir, que les méchantes passions des hommes sont les mêmes partout, et qu'on n'en doute nulle part.

CHAIRE DANS LA CATHÉDRALE DE FRIBOURG,

EN SUISSE.

N° 70.

Le canton de Fribourg a 14 lieues de long sur 11 dans sa plus grande largeur; sa montagne la plus élevée est la dent de Brenleyre, qui s'élève à 7,353 pieds. Il renferme les lacs de Morat, de Domène et de Seedorf, est baigné par la Sarine et la Broye, et compte 87,000 habitans.

Fribourg, sa capitale, est une ville de 6,000 ames. « Rien de plus bizarre et de plus pit-
« toresque que le terrain coupé en tous sens sur lequel est assise cette cité. Ses maisons

« bâties en amphithéâtre, la pente rapide de ses rues, ses remparts flanqués de tours, ses « nombreuses églises et leurs clochers, ses couvens, ses édifices divers, sa gothique collé- « giale avec sa tour majestueuse, des rochers à pic, des ravins profonds, ses jardins, ses « prairies, ses environs variés à l'infini, lui donnent un aspect qui la distingue de toutes « les autres villes de la Suisse.» Cette description d'un guide du voyageur est de la plus précise fidélité, voilà pourquoi je l'ai transcrite; mais notre auteur est trop généreux envers la belle tour de Saint-Nicolas; il lui donne 356 pieds de haut; je suis monté à son sommet, je l'ai examinée avec soin, et j'affirme qu'elle n'élève pas à plus de 200 pieds dans les airs sa tête octangulaire et élégante.

Fribourg renferme 12 églises et 9 couvens, plusieurs maisons d'éducation et un riche musée cantonal. Ses principaux monumens sont le collége Saint-Michel, desservi par la société de Jésus, et l'église Saint-Nicolas, dont la tour du second et du troisième ogival date des XIIIe et XIVe siècles. Sur le portail principal on remarque le Jugement dernier, véritable pendant satirique et moral de la Danse macabre, dans lequel le butin, emporté par les démons dans des hottes, se compose surtout de moines, de cardinaux, de papes, de princes et d'empereurs.

L'église en elle-même, assez longue nef surmontée d'un clocher de maigre apparence, n'offre rien de vraiment curieux dans son style et ses décorations, si ce ne sont deux tableaux estimés et la belle chaire que nous reproduisons.

Mais la merveille de Fribourg, ville accusée fort à tort d'ignorance et de superstition, est un magnifique pont de fer suspendu, de 825 pieds de long et de 148 pieds de haut, livré à la circulation le 29 octobre 1834, et dû au talent de M. Chaley, ingénieur français.

Il n'est pas sans intérêt de comparer les dimensions du pont suisse avec le fameux pont anglais qui joint près de Menai le continent à l'Ile d'Anglesey. Ce dernier pont n'a que 560 pieds français de long, entre les deux portes, car le surplus est supporté par des arches établies sur le rocher, et 95 pieds de haut à partir de la mer.

Mais les journaux annoncent un nouveau chef-d'œuvre de l'art, toujours dans la petite cité de Fribourg, souvent et injustement attaquée. On a décrété un nouveau pont suspendu qui joindra directement le *Gourguillon* à la ville, c'est-à-dire, qui s'élèvera à plus de 1,000 pieds et réunira deux montagnes éloignées d'environ 1,200 pieds, et cette audacieuse construction n'aura qu'une arche jetée sur l'abîme.

Ainsi, à Fribourg comme à Londres, sous les airs comme dans les eaux, MM. Chaley et Brunel enrichissent de leurs travaux créateurs des nations étrangères et honorent la France, leur patrie. Graces leur en soient rendues au nom du pays et au nom du génie, de l'industrie et de la civilisation!

DÉTAILS DE LA CHAIRE DE RAVELLE.

N° 71.

Ravello, petite ville épiscopale de la principauté citérieure, royaume de Naples, peuplée d'environ 2,000 ames, doit son origine aux malheurs d'Amalfi. Les habitans de cette dernière cité, pillée par les Barbaresques, deux fois conquise et saccagée par Roger, duc de Calabre, et les Pisans, abandonnèrent le rivage ennemi de la mer, *littus avarum,* et se réfugièrent à une lieue dans les terres, sur une montagne qu'ils fortifièrent et embellirent de nombreux édifices.

Ravello, qui fleurit dans les XIIIe et XIVe siècles, renferme encore un assez grand nombre d'églises byzantines, intéressantes par leurs mosaïques, leurs marbres, et leurs sculptures, mais encore inconnues des touristes, en tout semblables aux moutons de *Panurge*, qu'on me pardonne la familiarité de l'assimilation. La cathédrale *San-Pantaleone*, basilique en croix, dont le chevet est accosté d'un campanile assez élevé, présente des portes remarquables et un pupitre fort curieux, auxquels sont empruntés les détails donnés dans notre lithographie.

Les alentours d'Amalfi sont d'un pittoresque gracieux; cette ville est située au bord de la mer et placée au bas d'une montagne, dont les flancs supportent les ruines d'une vieille forteresse féodale et dont la cime est couronnée par une église d'où la vue est admirable. Amalfi est entouré d'oliviers, de citronniers et d'orangers; des grottes nombreuses creusées dans le tuf prêtent aux promeneurs un abri délicieux contre les ardeurs du soleil. Du haut des monts, des ruisselets descendent en rubans d'argent et, gonflés par les pluies, ils forment de belles cascades comme nos chutes artificielles de Saint-Cloud; mais les repos et les degrés sont en rochers et le grand réservoir est dans les nuages. Le spectacle aussi magnifique est moins coûteux; la nature en fait tous les frais.

Amalfi, fondé au IIIe siècle, devint célèbre dans le moyen-âge par sa puissance navale et par la sagesse de ses lois qui servent aujourd'hui de base au code adopté par les nations maritimes. Ses négocians étendaient leurs spéculations sur toute la Méditerranée et sur une partie de l'Océan; ses galères servirent souvent à transporter les pèlerins ou les croisés sur les rivages sacrés de la Palestine, et, on doit le reconnaître, les marchés passés avec les armateurs de la république napolitaine semblent moins onéreux que ceux exigés par les maîtres de l'Adriatique, ou les navigateurs de la Toscane. Ce sont des gentilshommes Amalfitains, émus de pitié à la vue des *avanies* (ce mot est consacré) dont les Musulmans accablaient les dévots voyageurs de l'Occident, qui obtinrent du Soudan d'Égypte, avec lequel ils étaient en relations commerciales suivies, la permission de bâtir un hospice près du Saint-Sépulcre. Ils enrichirent cette pieuse fondation de leurs dons, étendirent la pensée primitive, et créèrent l'ordre dit de *Saint-Jean l'Aumônier,* si fameux depuis sous le nom de chevaliers de Rhodes et de Malte!

Enfin les Amalfitains avaient, comme leurs rivaux maritimes, un quartier dans Ptolémaïs ou Saint-Jean d'Acre; ils défendirent long-temps contre les enfans de l'Islam cette Jérusalem commerciale et maritime, et ils combattirent avec courage dans les derniers assauts livrés à la malheureuse cité, dernier refuge de l'Occident sur la côte ennemie de l'Orient!

L'édifice le plus important de la ville moderne est la cathédrale riche de décors, de peintures et de marbres, dont le campanile intéressant par son appareil, sa forme circulaire et l'entrelas de son arcature, a été plusieurs fois dessiné et a fait partie des deux dernières expositions de notre salon.

Atrani près d'Amalfi est la patrie de Masaniello, le roi pêcheur, qui commença si poétiquement la guerre de Naples contre Madrid, continuée par Gennaro Anese jusqu'à l'aventureuse et chevaleresque expédition du duc de Guise.

Amalfi, autrefois peuplé de 70,000 ames, triste débris du passé, n'est plus aujourd'hui qu'un grand village archiépiscopal d'environ 3,000 habitans, célèbre par ses fabriques de vermicelle. Ainsi les *maîtres de la mer,* c'était leur titre au moyen âge, les rivaux des Génois, des Pisans, des Vénitiens; les conservateurs des Pandectes, les inventeurs de la boussole, véritables échantillons des Napolitains de nos jours, ne sont connus que parce qu'ils font et mangent d'excellent macaroni! Je rejette, quant à moi, la responsabilité de cette douloureuse remarque, et je la laisse toute entière aux voyageurs et aux géographes modernes.

DIVERSES ESPÈCES D'ARMES.

N° 72.

MORET,
AVOCAT A LA COUR ROYALE DE PARIS.

LE MOYEN AGE PITTORESQUE

ESPAGNE, XVe SIÈCLE.

Dess. lith. d'après nature par Asselineau.

Cloître de St Jean des Rois

à Tolède.

A Paris, chez Veith et Hauser, boulᵈ des Italiens, 11.

N°37

Dessiné d'après nature par Joinard

Ruines de l'Abbaye de S.t Bertin.

à S.t Omer.

N.° 38.

à Paris, chez Veith et Hauser, Boul.d des Italiens, 11

Lith. de Benard et Frey

Dessiné & lith. d'après nature par Sorel

Fragment d'une maison habitée par la Reine Blanche à l'époque des Croisades.

Le Mans

N° 39.

Paris, chez Veith et Hauser, Boul.d des Italiens, 11.

Lith. de Bernard et Frey.

Chapuy del. Mouthelier lith.

Portail S.t Oswald

à Zug.

Paris chez Veith et Hauser, Boul.d des Italiens 11 N.° 40. Lith. de Benard et Frey

Des.t et lith. d'après nature par Asselineau.

Une porte de la Cathédrale

à Séville.

N.° 41.

Chez Veith et Hauser, Bould des Italiens ...

Lith. de Benard et Frey.

FRANCE XVI.e SIÈCLE.

Meuble de la collection de M.r Monbro,

Rue basse du Rempart 36.

LE MOYEN AGE PITTORESQUE

ITALIE XVIe SIÈCLE

Bour et J. Cuvillier lith. | Chapuy del.

Palais Doria à Gênes.

Paris chez Veith et Hauser, Boul^d des Italiens 11. | N°45. | Lith. de Benard et Frey

Asselineau. Lith. de Bernard et Frey

La Tour de la Giralda.

Cathédrale de Séville.

Paris, chez Veith et Hauser, Boul.d des Italiens, 11.

Chapuy del. et lith.

Anciennes constructions

à Gênes

Paris chez Veith et Hauser, Boul.d des Italiens, 11.

Lith. de Benard et Frey.

Chapuy del. Monthelier lith.

Tour de Stanz

N° 46.

Paris, chez Veith et Hauser, boul.d des Italiens, 11. Lith. de Benard et Frey.

Dess. et lith. d'après nature par Chapuy.

Détails du couvent de St. Jean des rois à Tolède

Fragment du chœur de la Cathédrale à Tolède.

à Paris, chez Veith et Hauser, Boul. des Italiens, 11.

Lith. de Benard et Frey

Des. et lith. d'après nature par Asselineau.

Toilette en fer damasquinée provenant des Médicis.

Tirée de la Collection de M.r Debruge Dumenil.

Paris, chez Veith et Hauser, Boul.d des Italiens, 11.

Lith. de Bertauts & Frer.

Monthelier lith.

Cathédrale de Thann

(Alsace)

à Paris chez Veith et Hauser, Boul. des Italiens 11.

N° 49.

Lith. de Bernard et Frey.

Chapuy del. Ad. Cuvillier lith.

Cathédrale de Bâle.

Chez Veith et Hauser, Boul.d des Italiens, 11. Paris. N.o 50. Lith. de Benard et Frey.

A. Bourgue

Chapelle de Henri VII,

Abbaye de Westminster à Londres.

Paris, chez Veith et Hauser, Boul.d des Italiens, 11 · N° 51 · Lith. de Benard et Frey

Tombeaux des Rois Catholiques

dans la Cathédrale de Grenade

N° 52

Paris, chez Veith et Hauser, Boul.d des Italiens, 11.

Chapuy del.

Porte du Jubé d'Alby

N° 53.

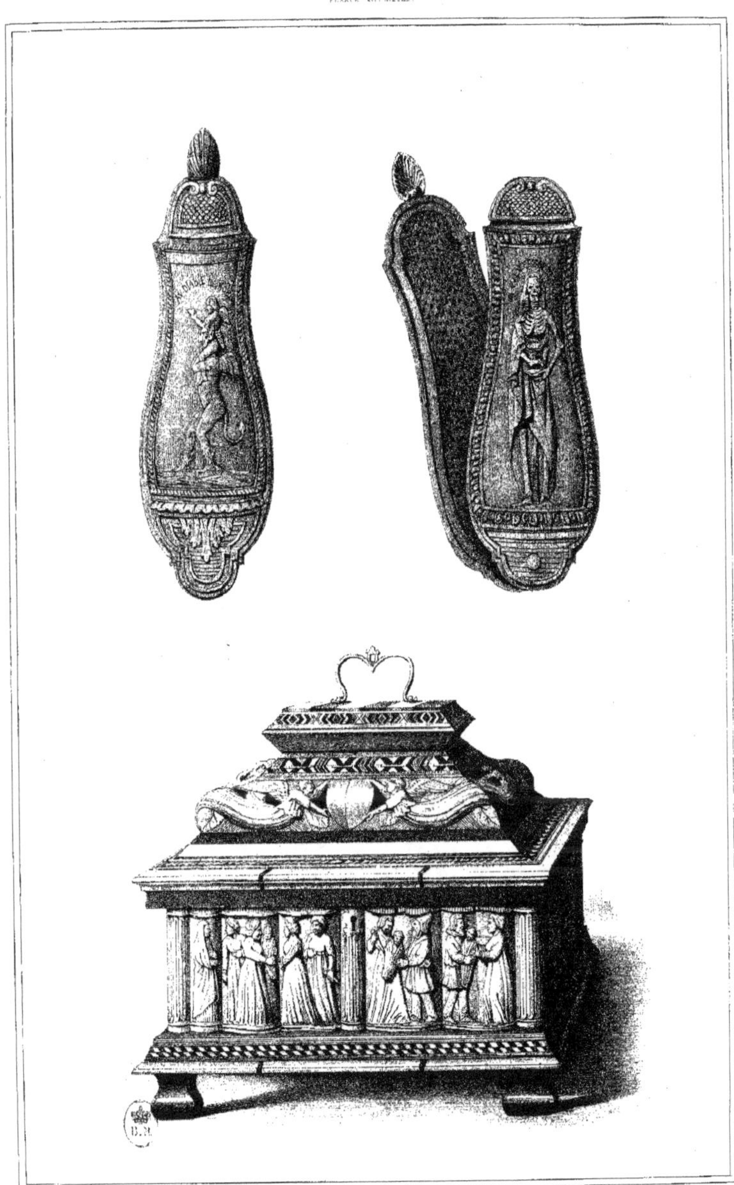

Tabatières anciennes — *Nécessaire en Ivoire*

Paris chez Veith et Hauser, Boul. des Italiens, 11.

LE MOYEN AGE PITTORESQUE

FRANCE XIV° et XV° SIÈCLE

Chapuy del. et lith.

Fig. par Bayot.

Cathédrale de Strasbourg

N° 55

Paris, chez Veith et Hauser, Boul. des Italiens 11.

Lith. de Benard et Frey

Dessiné d'après nature par Dauzats de Prangey | Lith. par Asselineau

Église de la Martorana
à Palerme

à Paris, chez Veith et Hauser, Boul.d des Italiens, 11.

Lith. de Benard et Frey

Porte de la maison des enfans trouvés

à Cordoue

Chapuy del. Monthelier lith.

Cathédrale de Suze

N° 58.

Paris, chez Veith et Hauser, Boul. des Italiens, 11. Lith. de Benard et Frey

Chapuy del.

Asselineau lith.

Double travée du cloître d'Arles

Paris, chez Veith et Hauser, Boul^d des Italiens, 11.

Lith. de Bénard et Frey.

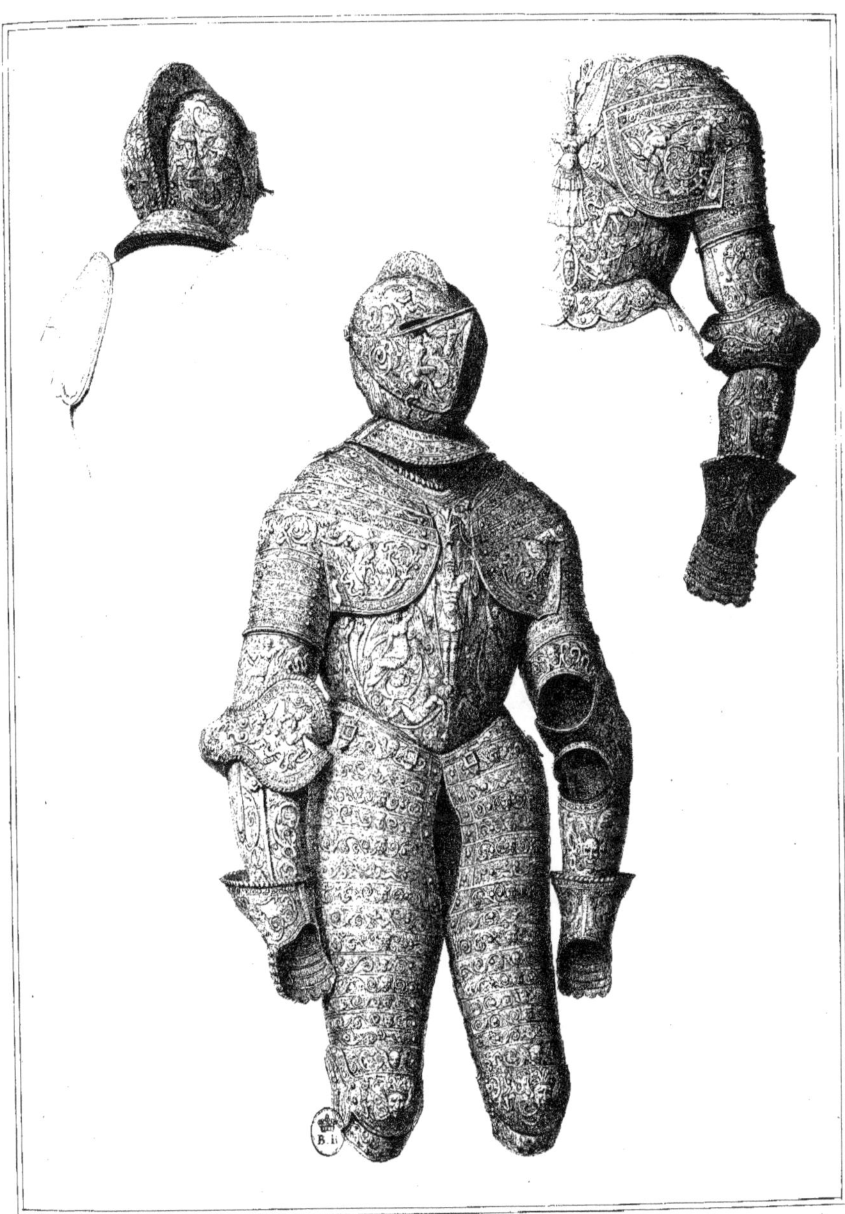

Dessiné d'après nature par Aschinesu.

Armure tirée du Musée d'Artillerie de Paris

(176 du Livret)

Paris chez Veith et Hauser Boul.d des Italiens

Lith. de Benard et Frey.

Dessiné d'après nature par Mazet Ar.t

Église Notre Dame

à Chalons-sur-Marne

N°61.

à Paris chez Veith et Hauser, boul. des Italiens, 11

Lith. de Benard et Frey.

LE MOYEN AGE PITTORESQUE

Dess. d'après nat. par Girault de Prangey

Cloître de la Cathédrale

à Zurich.

Paris, chez Veith et Hauser, Boul. des Italiens, 11.

N.° 62.

Lith. de Bernard et Frey

LE MOYEN AGE PITTORESQUE

FRANCE XVe SIÈCLE

Chapuy del. M. Alophe lith.

Église de Thann;

en Alsace.

N° 63.

Paris, chez Veith et Hauser, Boul. des Italiens 10. Lith. de Benard et Frey

D. Ramée.

Chaire épiscopale et prie Dieu dans l'église de Molln

Grand Duché de Holstein

N°64.

Paris, chez Veith et Hauser, Boul. des Italiens, 11.

Lith. de Benard et Frey.

Chapuy del.

Partie de la façade d'Auxerre

Paris chez Veith et Hauser, Boul. des Italiens 11

Lith. de Benard et Frey

Aubert lith.

Horloge en fer damasquiné

de la collection de M. Debruge Dumenil.

N° 66

Paris, chez Veith et Hauser, Boul. des Italiens, 11

Lith. de Benard et Frey.

Dessiné d'après nature et lith par Asselineau.

Intérieur de l'Alcazar de Séville.

à Paris, chez Veith et Hauser, boul^d des Italiens 11 — N° 67 — Lith. de Thierry frères

Flèche de l'église d'Harfleur.

(Normandie.)

68

LE MOYEN AGE PITTORESQUE

ÉCOSSE XVe SIÈCLE

Chapelle de Rosslyn

en Écosse.

Paris, chez Veith et Hauser, bd. des Italiens.

N° 69

Lith. de Lemercier, Bénard & Cie

Dess. d'après nature par [illegible] — Lith. par [illegible]

Chaire dans la Cathédrale de Fribourg

(Suisse)

Paris, chez Veith et Hauser, boul. des Italiens, 11 — N° 70. — Imp. de Lemercier, Benard et Cie

Dess. d'après nature par Girault de Prangey — Lith. par Berson.

Détails de la Chaire de Ravenne

Paris chez Veith et Hauser Boulevard des Italiens 11 — N° 71 — Imp. de Lemercier, Bénard et Cie rue de Seine S. G. 55

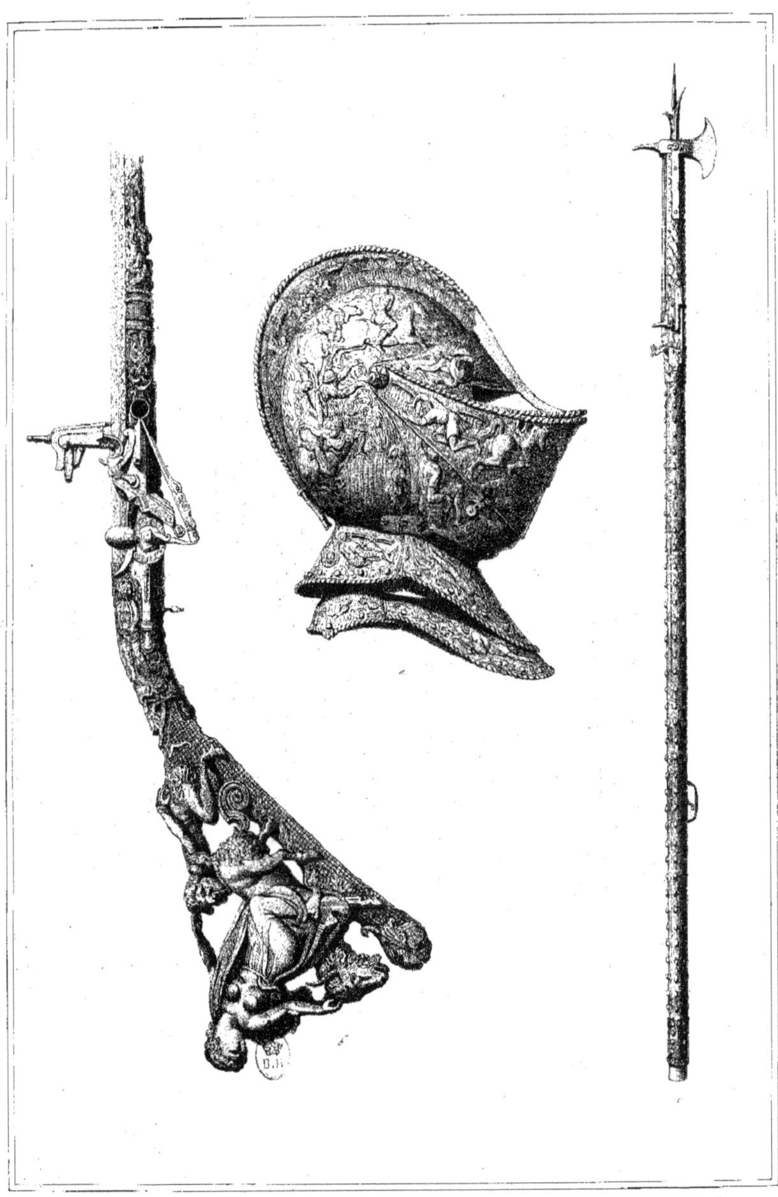

Dess. d'après nature et Lith. par Asselineau

a. Casque d'une armure de Henry II.

b. Mousquet à Rouet

c. Petite hache d'armes garnie d'un pistolet.

Tiré du Musée d'artillerie sous les N.os 117, 1170 et 445.

www.ingramcontent.com/pod-product-compliance
Lightning Source LLC
LaVergne TN
LVHW020009170826
845677LV00022B/432

9782329757230